ALLIANCE DES MAISONS D'ÉDUCATION CHRÉTIENNE

ABBÉ A. LEPITRE

LES
CHRONIQUEURS FRANÇAIS
DU MOYEN AGE

PARIS
LIBRAIRIE CH. POUSSIELGUE
RUE CASSETTE, 15
—
1893

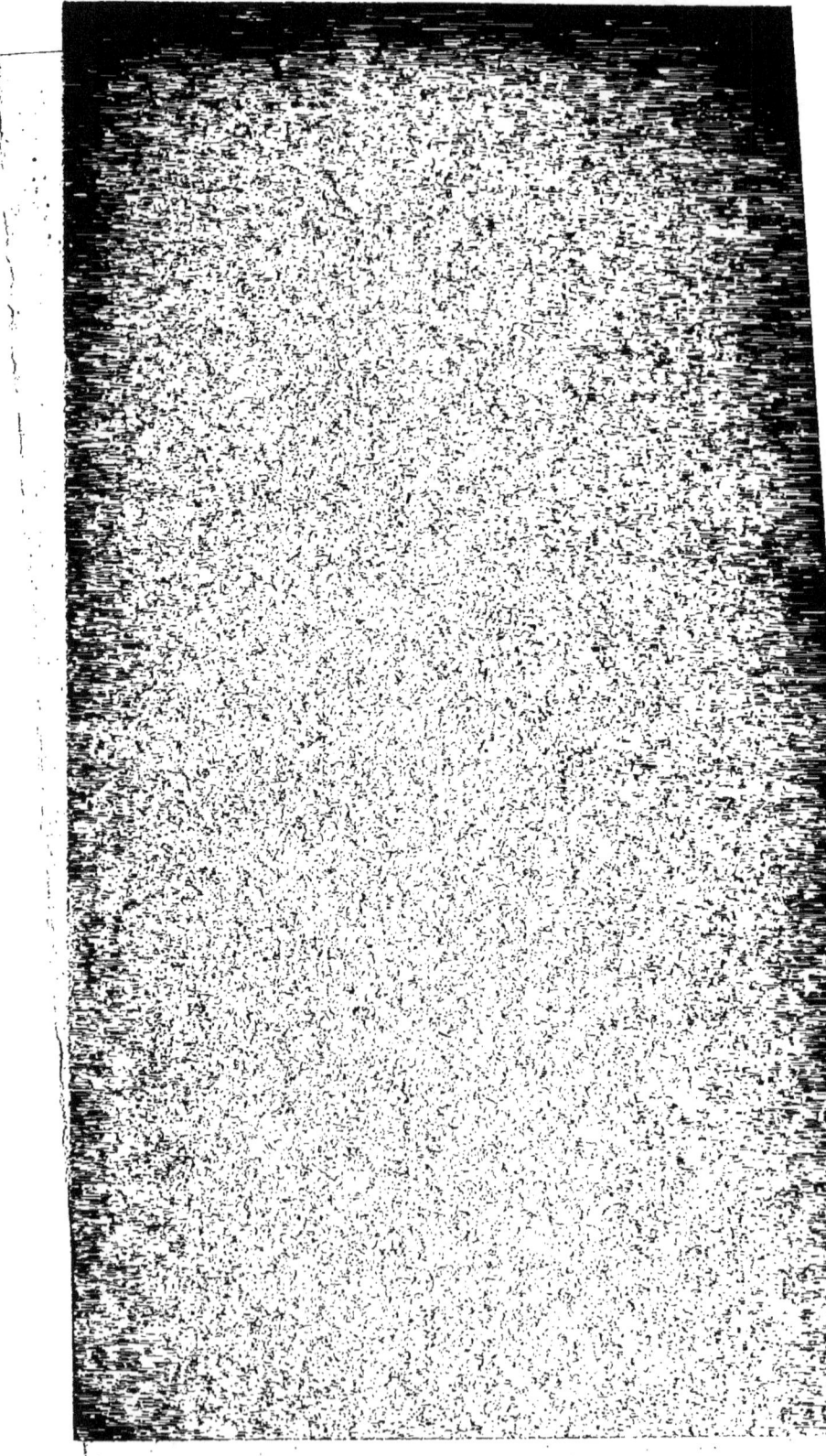

LES
CHRONIQUEURS FRANÇAIS
DU MOYEN AGE

PROPRIÉTÉ DE

ALLIANCE DES MAISONS D'ÉDUCATION CHRÉTIENNE

LES
CHRONIQUEURS FRANÇAIS
DU MOYEN AGE

VILLEHARDOUIN, JOINVILLE, FROISSART, COMMYNES

PAR M. L'ABBÉ A. LEPITRE
DOCTEUR ÈS LETTRES
PROFESSEUR A LA FACULTÉ CATHOLIQUE DES LETTRES DE LYON

PARIS
LIBRAIRIE CH. POUSSIELGUE
RUE CASSETTE, 15
—
1893

PRÉFACE

Depuis longtemps déjà de vaillants écrivains luttent pour faire admettre dans l'enseignement secondaire classique nos vieux auteurs du moyen âge. Si ces auteurs n'ont pas la perfection de la forme et la maturité de la pensée que nous admirons à bon droit chez les grands classiques de l'antiquité, ils ont le mérite de nous rappeler quels étaient les sentiments et les préoccupations de nos pères, et de nous montrer la littérature française dans la spontanéité de ses premiers développements. Ils ont obtenu à la fin droit de cité, et le programme de 1890 a fait une nouvelle concession aux médiévistes en prescrivant l'étude de nos principaux chroniqueurs.

Nous avons accueilli avec bonheur cette mesure, et nous sommes heureux d'offrir à la jeunesse de nos petits séminaires et de nos collèges catholiques un modeste manuel qui lui permettra d'étudier ces pères de l'histoire de France.

Les chroniqueurs désignés par le programme sont Villehardouin, Joinville, Froissart et Commynes. Nous les avons étudiés comme il convient, en donnant pour chacun d'eux une notice et des extraits, sans parler des notes multiples qui en sont le complément naturel et nécessaire. En outre, nous avons donné un aperçu des œuvres historiques qui ont précédé celles que nous avons étudiées spécialement; de cette manière, les élèves pourront acquérir une connaissance succincte de la littérature historique au moyen âge.

Nous avons suivi, pour les extraits de Villehardouin et de Joinville, les éditions données par M. Natalis de Wailly. Cependant, suivant ici un illustre exemple, — celui du maître incontesté de la philologie romane, — nous avons cru devoir remanier ce texte toutes les fois qu'il était nécessaire, afin que toutes les formes fussent bien celles du dialecte de l'Ile-de-France au commencement du XIIIe et du XIVe siècle. Quant aux fragments de Froissart, nous les avons empruntés à l'édition préparée par M. Siméon Luce pour la Société de l'Histoire de France. Ceux de Commynes sont reproduits d'après l'édition publiée par Mlle Dupont (1840-47) sous les auspices de la même Société, parce que cette édition n'a pas encore été surpassée, ni même, croyons-nous, égalée. Ces fragments de Froissart et de Commynes ont été copiés mot pour mot, sans autres modifications que quelques changements d'accents. Nous n'avons pas osé tenter des changements de formes, qui auraient soulevé des problèmes trop ardus pour être résolus aujourd'hui.

La lecture des chroniqueurs n'a pas seulement un intérêt philologique ou littéraire : elle éclaire et facilite l'étude de l'histoire de France. Pour que notre édition puisse répondre à ce but, nous l'avons enrichie de notes historiques et géographiques, assez nombreuses et assez précises pour guider les élèves et les fixer dans leurs hésitations.

Nous n'osons nous flatter d'avoir réussi dans la mesure de nos désirs. Mais nous comptons sur nos amis et sur tous ceux de l'enseignement chrétien, pour nous aider à compléter et à parfaire ce travail. Nous accueillerons avec une vive reconnaissance les observations qu'ils voudront bien nous adresser. Et maintenant nous livrons ce petit livre à la publicité, désirant qu'il serve à glorifier Dieu, à faire connaître la France des vieux temps, et à nous attacher d'une manière de plus en plus étroite à notre chère patrie!

La Louvesc, en la fête de saint François Régis, 16 juin 1893.

VILLEHARDOUIN

Geoffroi de Villehardouin occupe dans notre histoire littéraire une place à part, parce qu'il est le premier chroniqueur qui nous ait laissé un ouvrage rédigé en prose française.

Sans doute beaucoup d'écrivains s'étaient essayés avant lui dans le genre historique, et plus d'un l'avait abordé avec succès. Mais presque tous s'étaient servis de la langue latine. Et ils l'avaient fait, non pas seulement au temps où cette langue était exclusivement parlée dans notre pays, ou bien à l'époque où elle accomplissait l'évolution qui devait en faire la langue française, mais même au moment où notre idiome national était suffisamment formé pour exprimer la pensée avec toutes ses nuances. Après l'*Histoire des Francs*, de saint Grégoire de Tours, et la compilation dite de Frédégaire, qui remontent à l'époque mérovingienne, nous pouvons citer les œuvres d'Eginhard, du Moine de Saint-Gall, de Nithard et de l'Astronome limousin, qui appartiennent à l'époque carolingienne. Puis, à partir du xie siècle, nous rencontrons les *Histoires* de Richer, la *Chronique* de Raoul Glaber, la *Vie de Louis le Gros*, par Suger, et les ouvrages importants de Guillaume de Jumièges et d'Orderic Vital sur l'histoire des Normands. Ces livres, composés dans la solitude des cloîtres, rédigés dans une langue que le peuple n'entendait plus, n'étaient lus que par une élite d'érudits ou de lettrés. Pour apprendre l'histoire, les foules devaient se contenter d'écouter les chansons de geste, où la vérité était dénaturée par des fables de toutes sortes.

Des poètes tentèrent de composer des œuvres purement historiques, en essayant de traduire en vers français les chroniques latines qu'ils avaient sous les yeux, ou les récits qu'ils avaient recueillis de quelque témoin oculaire. Ainsi, sous le règne de Henri II, un auteur anonyme raconta, dans un poème de trois mille quatre cent soixante vers octosyllabiques, la conquête de l'Irlande faite par les armes de ce prince. La *Vie de saint Thomas de Cantorbéry* fut rédigée en vers alexandrins par Garnier de Pont-Sainte-Maxence à peu près vers le même moment. Robert Wace venait de raconter l'histoire des rois anglo-saxons dans le *Roman de Brut*, et celle des ducs de Normandie dans le *Roman de Rou*, et Benoît de Sainte-More reprenait ce dernier sujet pour le développer dans un poème de quarante-deux mille trois cent dix vers. Mais ces ouvrages, s'ils étaient plus véridiques que les chansons de geste, n'avaient pas un mérite littéraire suffisant pour plaire aux foules. On se fatiguait à écouter ces poèmes interminables, où l'assonance finissait par devenir monotone, et où les détails n'étaient pas assez frappants pour retenir longtemps l'intérêt.

Ce genre d'histoires versifiées commence à être délaissé au xiiie siècle, où apparaissent les premières chroniques en prose. Entre les années 1200 et 1210, Nicolas de Senlis racontait en dialecte poitevin l'histoire des rois mérovingiens, et l'un de ses contemporains traduisait dans le même dialecte la chronique du pseudo-Turpin. Baudouin IX, comte de Flandre, avant de partir pour la croisade, faisait rédiger aussi en français, *in gallico idiomate*, une sorte d'histoire universelle qui s'étendait depuis la création du monde jusqu'à son temps, et qui portait le nom d'*Ystoires Baudouin*. Mais cet ouvrage ne nous est pas parvenu, et rien ne nous fait pressentir qu'il ait eu un vrai mérite littéraire. Sans nous arrêter plus longtemps à ces essais perdus aujourd'hui, nous allons étudier Geoffroi de Villehardouin, qui est considéré par le public comme le premier en date et l'un des plus éminents de nos chroniqueurs.

I. — Sa biographie

Villehardouin ne nous est guère connu que par ce qu'il nous a dit de lui-même. Or, s'il a pris soin de nous raconter les incidents de sa vie pendant l'espace de huit ans, c'est-à-dire depuis l'époque où il prit la croix avec le comte Thibaut, jusqu'à la mort de Boniface de Montferrat, il n'a pas parlé des années qui ont précédé et suivi ce temps. Les érudits ont essayé de suppléer à son silence. Mais, en remuant la poussière des archives, ils n'ont recueilli qu'une très maigre moisson de renseignements.

Il naquit vraisemblablement au village de Villehardouin, entre Bar-sur-Aube et Arcis-sur-Aube, dans un château dont il ne reste que quelques ruines. Le nom de son père nous est inconnu. Du Cange avait cru le retrouver dans un certain Guillaume, maréchal de Champagne, qui figure (1163-1170) dans les chartes du comte Henri le Libéral. Mais il a été démontré par M. d'Arbois de Jubainville[1] que ce Guillaume fut de la lignée, non pas des Villehardouin, mais des Le Brébant de Provins, et l'aïeul de Milon le Brébant, le compagnon ordinaire de notre chroniqueur pendant la quatrième croisade. La date de la naissance de Villehardouin nous est pareillement inconnue. Des renseignements d'archives permettent de conclure qu'il est né au plus tard en 1164, et au plus tôt en 1152. On sait qu'il n'était pas l'aîné de sa famille, et qu'il avait deux frères, dont l'un fut père d'un autre Geoffroi de Villehardouin, qui devint prince d'Achaïe et fonda une dynastie dans ce pays. On sait aussi qu'il eut deux fils et trois filles : l'aîné de ses fils, Érard, lui succéda dans la charge de maréchal de Champagne.

Il occupait déjà depuis quelque temps les fonctions de maréchal à la cour de Champagne, quand Foulques de Neuilly commença à prêcher la croisade. En 1199, eut lieu un grand tournoi à Ecri[2], et à l'occasion de cette fête un certain nombre de seigneurs se croisèrent. Le premier et le plus qualifié de tous fut Thibaut III, comte de Champagne et suzerain de Villehardouin : le maréchal[3] ne pouvait manquer de suivre l'exemple de son maître. Cependant le nombre des croisés ne paraissant pas suffisant pour commencer aussitôt la pieuse entreprise, on dut attendre quelque temps.

Après des pourparlers à Soissons et à Compiègne, il fut convenu que les croisés prendraient la route de mer pour se

---

[1] H. d'Arbois de Jubainville, *Nouvelles recherches sur le chroniqueur Geoffroi de Villehardouin* (Revue des sociétés savantes des départements, avril 1863, pp. 364-373), et *Histoire des ducs et des comtes de Champagne*, t. IV, pp. 513-523. — Cf. Natalis de Wailly, *Geoffroi de Villehardouin, Conquête de Constantinople*, seconde édition, 1874, préface.

[2] Aujourd'hui Asfeld-la-Ville (Ardennes).

[3] La dignité de maréchal existait, non pas seulement à la cour des rois de France, mais encore dans toutes les cours seigneuriales importantes. Le maréchal commandait l'avant-garde dans les batailles, et choisissait l'emplacement où l'armée devait s'arrêter pour combattre. Villehardouin s'intitule maréchal de Champagne, bien que son suzerain, Thibaut III, prit seulement le titre de comte de Troyes.

rendre en Palestine. Six délégués furent envoyés avec pleins pouvoirs pour noliser la flotte qui devait servir au transport. Thibaut III nomma Geoffroi de Villehardouin en même temps que Milon le Brébant : ce choix prouve que, dès ce moment, notre chroniqueur jouissait d'un certain crédit à la cour de Champagne, et qu'il avait acquis une renommée de prudence et d'habileté dans les affaires.

Il résolut, de concert avec ses compagnons, d'aller à Venise, et de demander à cette république opulente les vaisseaux dont les croisés avaient besoin. Le doge était alors Henri Dandolo [1]. Il conclut avec les six délégués un marché où ceux-ci semblent ne pas avoir montré toute la prudence désirable. Car ils traitèrent pour le passage de trente-trois mille cinq cents hommes, sans être sûrs si l'armée des croisés se monterait jusqu'à ce nombre, et ils s'engagèrent à payer la somme considérable de quatre-vingt-cinq mille marcs d'argent, ce qui ferait cinq millions de notre monnaie, sans tenir compte de la dépréciation actuelle de ce métal. Puis, quand le peuple vénitien eut ratifié le traité, les messagers revinrent en France pour rendre compte de leur mission.

A son arrivée à Troyes, Villehardouin eut la douleur de voir mourir son suzerain Thibaut, que la voix publique désignait comme le chef de la croisade. Il fut alors député avec Geoffroi de Joinville vers Eudes de Bourgogne pour le déterminer à prendre le commandement de l'expédition. Quand celui-ci eut refusé, et quand Thibaut de Bar-le-Duc se fut récusé pareillement, il y eut une nouvelle assemblée des croisés à Soissons. Là, Villehardouin prit la parole pour proposer de donner la direction de l'armée à Boniface de Montferrat [2]. Son avis prévalut, et le marquis de Montferrat, mandé à Soissons, prit la croix, reçut l'argent et les hommes du comte de Champagne, et fut reconnu comme chef de la croisade (1201).

---

[1] Henri Dandolo, doge de Venise en 1192, mort en 1205.
[2] Boniface II, marquis de Montferrat, fils de Guillaume III et de Julie d'Autriche, sœur de l'empereur Conrad. On s'est étonné de voir un Italien choisi pour commander une armée presque exclusivement française. Mais les croisés n'avaient pu décider aucun seigneur français à se mettre à leur tête ; Boniface de Montferrat était connu depuis longtemps pour sa magnificence et son courage, et il avait déjà combattu en Terre sainte contre Saladin. Il paraissait donc plus propre que beaucoup d'autres à diriger une expédition en Orient. Roi de Thessalonique en 1204, il mourut en 1207.

Les croisés partirent vers la Pentecôte (2 juin) de l'année 1202. Mais tous ne suivirent pas la même route, et un grand nombre d'entre eux n'arriva jamais à Venise. De là, beaucoup de difficultés pour parfaire la somme promise aux Vénitiens par Villehardouin et ses compagnons. Bien que les plus puissants seigneurs eussent fait porter à l'hôtel du doge leur vaisselle d'or et d'argent, il leur manquait encore trente-quatre mille marcs d'argent pour pouvoir se libérer envers l'opulente république. Les Vénitiens abusèrent de la situation, et consentirent à accorder un délai pour le payement de la dette, mais à la condition que les croisés les aideraient à prendre la ville de Zara, qui s'était rendue au roi de Hongrie [1]. La ville, toute fortifiée qu'elle était, ne fit pas une longue résistance. Les croisés y étaient établis avec les Vénitiens, quand ils furent sollicités par Philippe de Souabe, roi des Romains [2], en faveur de son beau-frère Alexis, fils d'Isaac II l'Ange. Isaac avait été détrôné, privé de la vue et jeté en prison par son frère, Alexis III, qui régnait depuis lors sans conteste. Le jeune prince avait pu échapper à l'usurpateur, réussi à gagner la cour de son beau-frère, et maintenant, appuyé par lui, demandait qu'on rétablît son père sur le trône. Il promettait en retour les plus grands avantages : la réunion de l'Église grecque à l'Église romaine [3], deux cent mille marcs d'argent pour les croisés et les Vénitiens, et enfin dix mille autres marcs pour aider à chasser les musulmans de l'Égypte [4]. Il obtint gain de cause, malgré l'oppo-

---

[1] Son nom ancien est *Iadera*; Villehardouin l'appelle *Jadres*; aujourd'hui, c'est Zara-Vecchia, petite cité à vingt-six kilomètres de la ville importante de Zara. Toutes deux sont en Dalmatie. Le roi de Hongrie en question était Béla III. Son fils Éméric lui avait succédé en 1196.

[2] Philippe de Souabe, fils de Frédéric Barberousse, était appelé roi des Romains, parce qu'il était élu empereur d'Allemagne, mais non encore sacré par le pape. Appartenant au parti gibelin; il avait pour compétiteur Othon IV, soutenu par le pape et les Guelfes. Il avait épousé Irène (que certains historiens appellent Marie), fille d'Isaac II, et sœur par conséquent d'Alexis. Mort à Bamberg, en 1208.

[3] L'Église grecque n'était définitivement séparée de l'Église romaine que depuis 1054, par le fait du patriarche Michel Cérulaire.

[4] Les croisés, avant de se laisser détourner vers Zara et Constantinople, hésitaient entre la Syrie et l'Égypte. Ce pays était, en effet, le siège de la domination musulmane, et, s'il avait pu être conquis, la Terre sainte aurait été facilement arrachée à l'islam. Il était d'autant plus facile d'envahir l'Égypte, qu'elle était affaiblie par une longue famine. (Cf. *Epist. Innocentii III, apud Baronium, ad annum* 1202).

sition de l'abbé de Vaux-Cernay[1], qui s'était déjà opposé à la prise de Zara, et qui représentait qu'une croisade ne devait pas être dirigée contre des chrétiens, même schismatiques. A la suite de ces discussions, un certain nombre de croisés quittèrent l'armée pour se rendre directement en Palestine. Villehardouin était toujours du parti du doge. Il s'élevait contre ceux qui voulaient « depecier l'ost », c'est-à-dire diviser l'armée, et plusieurs fois il s'entremit pour empêcher leur départ.

La flotte des Vénitiens et des croisés fit voile enfin pour Constantinople. Après avoir relâché à Corfou, et avoir pris Andros et Abydos, elle arriva en vue de la riche capitale (23 juin 1203). Les Latins n'étaient pas sans une certaine crainte, à la vue d'une ville si bien fortifiée et munie de si nombreux défenseurs[2]. Néanmoins, après des pourparlers inutiles avec Alexis III, ils donnèrent l'assaut à la cité (17 juillet), et parvinrent à y entrer, tandis que l'usurpateur prenait la fuite. En toute occasion, Villehardouin se comporta bravement. Mais il néglige de raconter ses exploits comme chevalier, et il rapporte plus volontiers les négociations dont il est chargé. Ainsi il nous dit comment il alla trouver, avec trois autres envoyés, l'empereur Isaac II, qui avait été rétabli sur le trône, et comment il obtint de lui qu'il remplirait les engagements de son fils. Plus tard, quand les croisés virent que ces engagements n'étaient pas tenus, c'est encore Villehardouin qui alla, avec Conon de Béthune[3] et d'autres messagers, porter un défi à Isaac et à son fils Alexis. Murzuphle profita de ces brouilles pour s'emparer du trône ; mais il ne put le garder[4]. Les croisés donnèrent un

---

[1] C'est l'abbé Gui des Vaux de Cernay, que certains historiens ont confondu à tort avec Pierre des Vaux de Cernay, qui prêcha la croisade contre les Albigeois. L'abbé Gui devint évêque de Carcassonne en 1210, et mourut en 1223. Il était cistercien, et a été béatifié.

[2] Pour se rendre compte de la magnificence de Constantinople en ce moment, consulter les ouvrages suivants : Banduri, *Imperium orientale*, 1711 ; du Cange, *Constantinopolis christiana*, 1680 ; Salzenberg, *Altchristliche Baudenkmale von Constantinopel*, Berlin, 1854 ; Labarte, *le Palais de Constantinople et ses abords*, Paris, 1861 ; Unger, *Quellen der Byzantinischen Kunstgeschichte*, Vienne, 1878 ; Byzantios, Κωνστατινούπολις, 1861-1863 ; Paspati, Βυζαντίναι μελέται, 1877.

[3] Conon de Béthune, né vers le milieu du XIIe siècle, mort avant 1224. Chevalier-poète, il fréquenta la cour des rois de France et celle des comtes de Troyes.

[4] Voici quelques renseignements sur les empereurs byzantins dont il est question ici : Isaac II l'Ange, petit-fils d'Alexis Comnène, avait usurpé

nouvel assaut à Constantinople, et la prirent pour la seconde fois (12 avril 1204).

Cette fois les croisés traitèrent Constantinople en ville conquise. Non contents de la piller, ils y installèrent un empereur choisi parmi eux, et fondèrent ainsi en Orient un empire latin, organisé d'après les institutions féodales de l'Occident. Baudouin IX, comte de Flandre[1], fut élu empereur, et eut le quart de la capitale et le quart des terres. Le reste fut partagé, par portions égales, entre les croisés et les Vénitiens. Villehardouin, qui avait tant contribué par son épée et par ses conseils au succès définitif de l'expédition, reçut le titre de maréchal de Romanie et les deux fiefs de Trajanople et de Macra. Quant à Boniface de Montferrat, il obtint le royaume de Thessalonique.

La croisade était désormais abandonnée, et Villehardouin n'en parle plus. Attaqué par les Bulgares au nord, et au sud par Théodore Lascaris[2], qui s'était rendu indépendant en Asie, Baudouin avait assez à faire de se défendre. Villehardouin lui fut utile dans plus d'une occasion. Ainsi le marquis de Montferrat, ayant à se plaindre de l'empereur, n'avait pas craint d'entrer en révolte ouverte contre lui. Il avait pris le château fort du Dimot, et avait mis le siège devant Andrinople. Villehardouin eut assez d'habileté et d'autorité pour apaiser cette discorde, qui aurait pu avoir les plus funestes suites. A la bataille livrée devant Andrinople par l'empereur à Johannis, roi des Bulgares, les Latins furent mis en déroute. Le comte Louis de Blois fut tué, et Baudouin fait prisonnier. Villehardouin fit alors preuve de sang-froid et de courage, et dirigea la retraite avec tant d'habileté,

---

le pouvoir en 1185, puis avait été détrôné en 1195 par son frère Alexis III. Rétabli sur le trône de Constantinople en 1203, il s'associa son fils Alexis IV. Le père et le fils furent renversés, en janvier 1204, par Alexis Ducas, qui prit le nom d'Alexis V. Il est connu plus ordinairement sous le nom de Murzuphle, qui désigne un homme *dont les sourcils se rejoignent*. Il s'enfuit de Constantinople au mois d'avril de la même année, eut les yeux crevés par Alexis III, et fut précipité du haut d'une colonne par ordre de Baudouin, au mois de novembre suivant.

[1] Baudouin IX, comte de Flandre et de Hainaut, né en 1171, empereur de Constantinople en 1204, fait prisonnier à la bataille d'Andrinople en 1205, et mort peut-être en 1206, par les ordres de Johannis. Sur cette mort, des doutes ont été élevés sans qu'on ait pu les éclaircir.

[2] Théodore Lascaris avait épousé Anne, fille d'Alexis III et de l'impératrice Euphrosyne, et se basait sur ce mariage pour prétendre au trône de Constantinople; né vers 1177, il mourut en 1222.

qu'il put ramener à Constantinople les débris de l'armée (16 avril 1205).

Baudouin eut pour successeur son frère Henri[1], qui apprécia le maréchal comme il le méritait, et eut souvent recours à ses services. Sous son règne, nous retrouvons Villehardouin marchant au secours du Dimot, où Renier de Trit était assiégé ; allant quérir Agnès, fille du marquis de Montferrat, qui devait être l'épouse de l'empereur Henri ; marchant avec ce prince pour délivrer le Chivetot, assiégé par Théodore Lascaris, et ensuite Équise, attaquée par le même seigneur. Le maréchal de Romanie était resté dans les meilleurs termes avec Boniface de Montferrat ; car nous le voyons recevoir de lui, à titre de fief, la ville de Messinople avec toutes ses dépendances (1207). Peu après se termine le récit de Villehardouin, et ce que nous savons ensuite de sa vie est fort peu de chose. Henri de Valenciennes, qui a écrit l'*Histoire de l'empereur Henri*, nous montre le maréchal guerroyant contre les Bulgares, et adressant à ses compagnons d'armes un discours plein d'éloquence et de générosité ; puis veillant à la garde de Constantinople, tandis que son souverain allait recevoir l'hommage du roi de Thessalonique. Puis Villehardouin rentra dans l'ombre, et ses dernières années sont aussi ignorées que son enfance et sa jeunesse.

Sa mort ne remonte pas plus haut que 1212 ; car un acte d'Innocent III, cité par du Cange, nous le montre comme vivant encore en ce moment. Elle date probablement de 1213, car, au mois de mars de cette année, Érard, fils aîné du chroniqueur, après s'être appelé de Villy, prend le titre patrimonial de Villehardouin. Dans tous les cas on ne peut la reporter plus bas que 1218 : cette année-là, en effet, le même Érard fondait l'anniversaire de son père à Notre-Dame-aux-Nonnains de Troyes. La famille de Villehardouin garda longtemps la dignité de maréchal de Champagne, mais sans sortir pour cela de son obscurité. Au commencement du xive siècle, elle était éteinte. Un neveu du chroniqueur, nous l'avons dit, avait fondé la dynastie des Villehardouin d'Achaïe et de Morée ; mais elle disparut également de bonne heure. Sans *la Conquête de Constanti-*

---

[1] Né en 1177, régent de l'empire en 1205, couronné empereur en 1206, mort en 1216.

nople, le nom de Villehardouin serait pour toujours tombé dans l'oubli.

II. — Son autorité historique

Jusqu'à ces derniers temps, l'autorité de Villehardouin comme historien n'avait été contestée par personne. Les rapprochements établis entre sa relation et celles de ses contemporains faisaient reconnaître dans son livre bien des lacunes, que l'on attribuait d'ailleurs à sa préoccupation d'être concis ; mais l'on n'y avait pas constaté d'inexactitudes proprement dites. On s'était même demandé comment sa mémoire avait pu retenir fidèlement tant de détails, et l'on avait supposé que la rédaction définitive de son livre avait été faite d'après des notes prises au moment même où les événements se passaient[1]. D'ailleurs le ton même sur lequel il raconte les événements, prévient en faveur de l'écrivain. Il est difficile de rencontrer un récit où la sincérité et la bonne foi de l'auteur apparaissent mieux que dans la chronique de Villehardouin.

Sans doute, s'il suffisait de n'avoir affirmé que des faits réels pour échapper aux reproches, notre chroniqueur en mériterait peu. Mais nous sommes plus exigeants : nous voulons que l'historien soit encore impartial, c'est-à-dire qu'il dise toute la vérité, et qu'il ne taise pas les faits qui condamneraient ses amis. Pour bien juger de l'impartialité de Villehardouin, il est nécessaire d'entrer dans quelques détails.

Dans la biographie qui précède, nous avons vu que la quatrième croisade, destinée à délivrer la Terre sainte, avait abouti à la prise de Zara et à la conquête de Constantinople. Comment et par quelles causes la pieuse expédition a-t-elle été détournée de son but primitif ? On a voulu voir là un pur hasard, une conséquence forcée de nécessités pécuniaires et de circonstances imprévues. Ainsi pensait le savant éditeur de Villehardouin, M. Natalis de Wailly, et sa thèse a été reprise et défendue encore récemment par M. J. Tessier.

---

[1] Il est maintenant admis que, lorsque Villehardouin parle du « *livre* », il s'agit de sa chronique, et non d'une source manuscrite où il aurait puisé. Cf. les §§ 5 et 74 de la *Conquête de Constantinople*.

Mais cette opinion n'a pas prévalu. Les savants travaux du comte Riant lui ont enlevé toute probabilité sérieuse, et ont prouvé que la déviation de la croisade avait été préméditée[1]. Admettons que M. de Mas-Latrie se soit trompé en disant que Venise, d'après une convention passée avec Malek Adel, avait voulu empêcher les croisés d'aborder en Égypte; et cependant le savant auteur de l'*Histoire de Chypre* s'appuyait en cela sur le témoignage d'Ernoul, qu'il aurait pu corroborer par celui de Baudouin d'Avesnes et du *Balduinus Constantinopolitanus*[2]. Rejetons encore la thèse de M. Hopf, parce que, pour accuser Venise d'avoir pactisé avec le sultan d'Egypte, il s'appuie sur un traité non daté. Il n'en est pas moins vrai que la complicité de Venise dans la direction des croisés vers Constantinople ne peut être mise en doute. Elle avait d'abord un grand intérêt à la ruine de l'empire byzantin. Elle savait qu'Alexis III avait engagé des négociations avec Gênes pour la concession de certains privilèges qui devait ruiner le commerce vénitien en Romanie. Ensuite elle avait des griefs à venger. En 1189, elle avait arrâché à Isaac II la promesse d'une indemnité pécuniaire pour les pertes que lui avait fait subir Manuel Comnène, et cette indemnité n'était pas encore acquittée. De plus, Henri Dandolo, qui jouissait d'une autorité considérable à Venise, se rappelait avec amertume l'horrible traitement que la cour de Byzance lui avait infligé en faisant passer un fer rouge devant ses yeux.

Philippe de Souabe, roi des Romains, désirait aussi que l'on fît une entreprise sur Constantinople. N'oublions pas que des haines vivaces existaient entre les Allemands et les Byzantins. Les premiers n'avaient pas oublié le mauvais accueil qu'ils avaient reçu à Constantinople à l'occasion des croisades précédentes : en 1101, pour ne citer qu'un trait entre tous, cent mille croisés allemands avaient été livrés

---

[1] Pour toute cette discussion, nous renverrons à l'édition de *Villehardouin* par M. Natalis de Wailly, Éclaircissements I, II, III; M. de Mas-Latrie, *Histoire de l'île de Chypre*, tome I; *Chronique d'Ernoul et de Bernard le Trésorier*, publiée par le même savant pour la Société de l'Histoire de France; J. Tessier, *La diversion sur Zara et Constantinople*, 1884; et surtout aux articles du comte Riant dans la *Revue des questions historiques*, tom. XVII, pp. 321-374; XVIII, pp. 5-75; XXIII, pp. 71-114. Consulter aussi, parmi les ouvrages publiés en Allemagne, K. Hopf, *Bonifaz von Montferrat*; L. Streit, *Venedig und die Wendung Kreuzzuges gegen Constantinopel*; Klimke, *Die Quellen zur Geschichte des IV Kreuzzuges*.

[2] Dans le *Corpus chronicorum Flandriæ*, édit. de Smedt, t. I, p. 136.

aux Turcs par Alexis Ier Comnène. De plus, Philippe avait épousé Irène, fille d'Isaac II, qu'il regardait comme légitime héritière de l'empire byzantin, et il aurait été heureux de revendiquer les droits de sa femme à la faveur d'une guerre conduite par des étrangers. Enfin, il n'était pas fâché, dans la situation précaire où il se trouvait, de frapper au cœur l'influence d'Innocent III, en faisant échouer la croisade que ce pontife avait si laborieusement préparée. N'oublions pas non plus cette circonstance importante, que Boniface de Montferrat, le chef des croisés, élevait des prétentions sur le royaume de Thessalonique.

Bien des intérêts se coalisèrent donc en ce moment, et l'on peut dire, après M. Hanotaux : « Le changement de direction de la croisade n'est pas dû à une seule et unique influence, s'exerçant isolément, mais à la résultante de plusieurs forces, représentant les intérêts divers qui se trouvèrent en jeu dans les événements de 1202-1203[1]. » A notre avis, c'est à Venise qu'il faut attribuer la plus grande part de culpabilité dans toute cette affaire. Il serait d'ailleurs trop long de raconter les intrigues qui eurent lieu pour tromper les croisés, et les déterminer à changer une guerre sainte en une expédition sans excuse, dirigée contre des chrétiens que le pape avait pris sous sa protection.

Or si la déviation de la croisade a été préméditée, Villehardouin n'en dit rien. Est-ce qu'il aurait été la dupe de Venise et de ses complices? L'ensemble de sa vie ne permet pas de le supposer : il était trop mêlé aux négociations et trop rompu aux affaires pour se laisser ainsi tromper. Nous sommes donc obligés de conclure qu'il s'est tu volontairement, et qu'il a passé sous silence tout ce qui pouvait nuire aux chefs de la croisade. Aussi bien, il est facile de découvrir quelques-unes de ses réticences. Le comte Louis de Blois semblait ne pas vouloir se rendre à Venise, sans doute parce qu'il avait appris quelque chose des desseins de la république. Villehardouin raconte qu'il alla le trouver jusqu'à Pavie, et que, à force de prières, il le détermina à se joindre à l'armée du marquis de Montferrat. Mais il ne nous dit pas la cause des hésitations du comte. De plus, quand l'armée des croisés alla prendre Zara, elle attaquait un prince croisé, le roi de Hongrie ; les Jadertains montrèrent qu'ils étaient

---

[1] Cité par le comte Riant, *Revue des Q. H.*, t. XXIII, p. 111.

croisés en ornant de croix leurs maisons, et néanmoins le siège eut lieu, contre le droit des gens reconnu à cette époque. Villehardouin ne dit rien de ces circonstances, qui auraient fait blâmer son parti. Boniface de Montferrat n'était pas présent au siège de cette ville, étant resté en arrière pour traiter une affaire. Le chroniqueur se garde bien de révéler qu'il s'agissait d'une démarche auprès d'Innocent III, qui défendait d'attaquer Zara. Nous devons donc convenir que Villehardouin a écrit son livre pour l'exaltation d'un parti, en cachant soigneusement ce qui pouvait être un sujet de blâme pour ses amis.

Il y a plus. Un grand nombre de croisés, obéissant à des scrupules très légitimes, refusèrent de rejoindre à Venise le chef de la croisade. D'autres le quittèrent à différentes fois, à mesure qu'ils acquéraient la conviction que l'expédition serait détournée de son but. Les uns et les autres avaient raison. En voulant se rendre en Syrie (ou en Égypte, où il s'agissait de ruiner la puissance de Malek Adel), ils ne faisaient qu'obéir au vœu qu'ils avaient fait en prenant la croix, suivre les ordres pressants du souverain pontife, et appliquer à sa vraie destination l'argent qu'ils avaient reçu pour délivrer les Lieux saints. Admettons que Villehardouin, en suivant les Vénitiens, ait été dans une certaine bonne foi. Sous l'impression que sa parole serait protestée, si Venise ne recevait pas la somme convenue, il a pu se dire que la prise de Constantinople serait le moyen de conduire à bien la vraie croisade, et que la réunion de l'Église grecque à l'Église latine pouvait compenser les retards apportés à la délivrance de Jérusalem. Mais rien ne l'autorisait à traiter comme il l'a fait ceux qui voulaient « depecier l'ost », pour employer une expression qui paraît souvent dans son livre. Il les accuse de lâcheté à plusieurs reprises, en disant qu'ils craignaient les périls de la guerre contre Byzance, comme s'ils avaient dû courir des dangers moins grands en Syrie. Il nie leur bonne foi. Il va même jusqu'à se réjouir quand il leur arrive des malheurs, et il regarde leur infortune comme un juste châtiment du ciel. L'argument aurait pu être retourné contre lui, attendu que les Latins, devenus maîtres de l'empire byzantin, eurent à essuyer de terribles revers. Mais il n'y prenait pas garde, ou il oubliait volontairement ce qui venait donner un démenti à la politique de son parti.

Concluons donc en disant que le livre de Villehardouin

ne nous montre qu'un côté de la quatrième croisade, et que, pour se faire une juste idée de cette expédition, il faut corriger son récit par d'autres relations ou par des actes publics du même temps. Parmi ces documents il faut citer la relation de Robert de Clari, celle de Günther de Pairis, et surtout la correspondance d'Innocent III.

III. — Son mérite littéraire

Si maintenant nous examinons Villehardouin comme écrivain, nous reconnaîtrons en lui un mérite littéraire incontestable. La langue dont il se servait a pu être qualifiée de barbare par des esprits superficiels, qui n'avaient pas pris la peine de l'étudier. Mais en réalité elle est régulière, précise, nette, suffisamment riche en mots vivants et en termes expressifs. Elle a beaucoup de souplesse dans sa syntaxe, et elle se prête à des tours pittoresques et des constructions variées. Le chroniqueur s'est servi avec beaucoup de bonheur de cet instrument pour rendre sa pensée. Il a écarté de parti pris les descriptions poétiques et les détails superflus, dont les trouvères de son temps chargeaient leurs poèmes. Il a voulu, au contraire, tout dire avec brièveté et concision, comme il convient à un politique qui ne veut livrer qu'une partie de sa pensée, et à un guerrier qui dédaigne le verbiage de la rhétorique. Pour caractériser un personnage, il emploie une ou deux épithètes, une phrase tout au plus : il nous dit de Blanche, comtesse de Champagne, qu'elle était « mout bele, mout bone » (§ 37), et de Marie, femme de Baudouin et impératrice de Constantinople, qu'elle était « mout bone dame et mout onourée » (§ 318); et il s'arrête là. Il est aussi court quand il décrit une ville ou un pays, ou le temps où un fait a lieu. Il se contente de marquer, par exemple, que le matin il fit « mout bel jour et mout cler » (§ 78), ou bien encore il dit de la ville de Zara que « pour noiant demandesiez plus bele, ne plus fort, ne plus riche » (§ 77). Il ne prend pas même la peine de varier ces expressions si concises : que lui importent ces détails, à lui dont l'esprit est préoccupé d'affaires si importantes ? Par ces procédés si simples et si naïfs, il nous rappelle les auteurs des chansons de geste, non pas de ceux qui vivaient de son temps et qui allaient chanter dans les châteaux les héros du cycle breton, mais ceux qui ont composé nos épopées primitives, la *Chanson de Roland*, par exemple.

Au surplus, cette sobriété ne doit pas faire supposer dans Villehardouin un esprit dépourvu de ressources. Parfois, sous l'impression d'une émotion plus vive ou d'un souvenir plus frappant, il entre dans des détails qui prouvent le contraire. Voici un passage où le chroniqueur raconte comment la flotte des croisés partit de Corfou : « Et là furent toutes les nefs ensemble, et tous les huissiers et toutes les galères de l'armée, et assez d'autres nefs de marchands qui faisaient route avec eux. Et le jour était beau et clair, et le vent doux et bon ; et ils laissent les voiles aller au vent. Et Geoffroi, le maréchal de Champagne, qui dicta cette œuvre..., vous témoigne que jamais si belle chose ne fut vue. Et il semblait bien que cette flotte dût conquérir de la terre ; car, autant que l'œil pouvait voir, on ne pouvait voir sinon des voiles de nefs et de vaisseaux, en sorte que les cœurs des hommes s'en réjouissaient bien » (§§ 119 et 120). Dans un autre endroit, il nous décrit ainsi Constantinople, telle qu'elle lui apparut pour la première fois : « Or vous pouvez savoir qu'ils regardèrent beaucoup Constantinople, ceux qui jamais ne l'avaient vue ; car ils ne pouvaient penser qu'il y eût en tout le monde une si riche ville, quand ils virent ces hauts murs et ces riches tours dont elle était enclose tout autour à la ronde, et ces riches palais et ces hautes églises, dont il y avait tant que nul ne l'eût pu croire s'il ne l'eût vu de ses yeux, et la longueur et la largeur de la ville qui entre toutes les autres était souveraine. Et sachez qu'il n'y eut homme si hardi à qui la chair ne frémît... » (§ 128). Ces passages, et d'autres que nous verrons plus loin, montrent que Villehardouin, s'il l'avait voulu, aurait pu réussir dans le genre descriptif; mais, tout préoccupé de raconter des négociations ou des faits d'armes, il ne s'arrête pas à des détails qui sont à à ses yeux de très mince valeur.

Ce qu'il faut louer surtout dans le chroniqueur, c'est l'art avec lequel il sait raconter les batailles et exposer les événements. Il a le coup d'œil assez vaste pour embrasser d'un regard un ensemble de faits, sans s'arrêter et se perdre dans les particularités. Nous raconte-t-il une négociation, il nous en explique les péripéties chacune en son lieu, sans être obligé de revenir jamais à un détail oublié. Parle-t-il d'une bataille, il nous montre le lieu où elle va se livrer, les positions respectives des armées ennemies, et les avantages partiels qui amènent le succès général et définitif. Sans avoir sous les yeux un plan de la guerre, nous pouvons en suivre les incidents comme s'ils se passaient devant nous. La même habileté dans l'exposition apparaît encore quand Villehardouin nous rapporte les discours qui ont été prononcés par lui-même, ou par les acteurs du drame qu'il raconte. Tout, dans ces discours, est d'une logique rigoureuse et d'une suprême habileté. Malheureusement, ici encore, l'auteur n'a pas tout reproduit. Comme le fait remarquer Sainte-Beuve, « entre la parole publique et la parole privée, il se fait un naufrage de bien des choses, » et nous avons à regretter que cette remarque soit si juste quand il s'agit de Villehardouin.

Quant à certains artifices d'éloquence, tels que l'exorde et la conclusion du livre, le chroniqueur ne s'en est pas préoccupé. Il commence son récit sans autre introduction que ces paroles : « Sachiez que... » Et il le termine en racontant la mort de Boniface de Montferrat, et en concluant par ces deux phrases : « Hélas ! quel douloureux dommage ce fut à l'empereur Henri et à tous les Latins de la terre de Romanie, de perdre un tel homme par une telle mésaventure, un des meilleurs barons et des plus larges, et des meilleurs chevaliers qui fût dans le reste du monde. Et cette mésaventure advint en l'an de l'incarnation de Jésus-Christ mil deux cent et sept. » De même, quand il s'agit de passer d'un événement à un autre, il se sert de transitions sans apprêt : « Or oez... Or pourrez oïr... Et sachiez... Or pouez savoir... Or vous lairons de ceus... » (§§ 173, 175, 181, 192, 229). En réunissant toutes ces expressions, qui se rencontrent déjà dans les chansons de geste, on a voulu faire de Villehardouin un imitateur des trouvères. Nous ne contredirons pas à cette idée, pourvu qu'elle ne soit pas exagérée. N'oublions pas que ces formules, pour la plupart, sont appelées par la fin que l'auteur s'est proposée : il destinait son livre à être lu. Le même jugement peut s'appliquer à des locutions employées par Villehardouin dans le cours de son récit, et que l'on a voulu montrer comme empruntées aux poèmes du temps. Elles ne sont pas propres à ceux-ci, et se rencontrent aussi souvent dans le langage populaire que dans les chansons de geste [1].

---

[1] Nous faisons ici allusion à une étude de M. A. Kressner, *Ueber den*

Après avoir parlé de l'habileté de l'écrivain, nous allons essayer de reconstituer son caractère d'après les idées qu'il exprime dans son livre. Nous reconnaîtrons d'abord en lui un sentiment religieux très sincère. Il parle souvent de Dieu, et le montre gouvernant toutes choses, changeant les cœurs des hommes, disposant des événements, aidant au moment du danger et donnant la victoire sur des ennemis bien supérieurs en nombre (§§ 60, 77, 131, 133, 134, 292, 474, etc.). Il se réjouit du triomphe de la foi, et témoigne un respect sincère au pape Innocent III. Il faut avouer qu'à un certain moment il ne craint pas de lui désobéir. Sous les murs de Zara, l'abbé de Vaux-Cernay, au nom du souverain pontife, fit défendre aux croisés d'attaquer une ville où habitaient des chrétiens. Villehardouin et ses compagnons passèrent outre, en alléguant qu'ils seraient honnis s'ils n'aidaient le doge à prendre la ville. Mais l'homme n'est pas toujours logique, et la foi religieuse la plus sincère ne l'empêche pas de céder parfois à des considérations humaines. D'ailleurs, le soin qu'il prend de montrer que son parti obtint l'absolution d'Innocent III, prouve bien que pour lui le devoir était dans l'obéissance au pape (§ 107). Il raconte aussi que les chevaliers se confessaient bien dévotement (§ 154) et communiaient avant la bataille (§ 430), et, sans doute, il était un des premiers à accomplir ce devoir pieux, qu'il regarde comme une préparation nécessaire au combat (§ 430).

Ce qui apparaît encore dans son livre, c'est l'attachement inébranlable qu'il garde à son suzerain. Ce suzerain était d'abord Thibaut III ; ce fut ensuite Boniface de Montferrat, Baudouin et Henri de Flandre. Il leur obéit en toute circonstance et leur reste fidèle malgré tout. La manière dont il qualifie ceux qui agissent autrement, montre combien cette fidélité était ancrée dans son cœur. Il faut lire les jugements sévères qu'il porte sur les parents de Renier de Trit, qui l'abandonnèrent quand il était assiégé dans Philippopoli ; sur Alexis III, qui avait renversé son souverain légitime, Isaac II ; sur Murzuphle, qui avait mis à mort Alexis IV.

Enfin, il faut louer dans Villehardouin un courage inébranlable : non pas le courage qui consiste à ignorer le danger ou à le mépriser, mais celui qui ne transige jamais avec

---

epischen Charakter der Sprache Villehardouin's, publiée dans l'*Archiv für das Studium der neueren Sprachen und Literaturen*, LVII, pp. 1-16.

le devoir. Ainsi, quand la flotte des croisés arrive devant Constantinople, il ne cache pas que sa chair frémissait à l'aspect d'une place si forte (§ 128). Quand il parle du défi qu'il est allé porter à Isaac II, en compagnie de Conon de Béthune et de Milon le Brébant, il dit de lui-même et de ses compagnons : « Quand ils furent hors de la porte, il n'y en eut pas un qui ne fût bien joyeux ; et ce fut pas grande merveille, car ils étaient échappés de bien grand péril » (§ 216). Mais il est certain que la crainte ne l'emporte jamais chez lui sur le devoir, et que, au besoin, il affronterait de nouveau les périls auxquels il est si heureux d'avoir échappé ; car il nous dit lui-même que « bien mal fait celui qui, par peur de mort, fait chose qui lui est reprochée à toujours » (§ 379).

A tout prendre, Villehardouin est, non pas un héros admirable de tout point, mais un homme d'une honnêteté moyenne, tels que devaient être beaucoup de barons au commencement du XIIIe siècle. Sa foi est encore vive, mais pas assez pour résister à toutes les sollicitations du siècle ; sa loyauté est parfaite, pourvu que nous la fassions consister dans la fidélité au suzerain ; ses qualités sont assez nombreuses pour lui faire pardonner ses défauts. Mais, par le livre qu'il a dicté, vraisemblablement à un clerc, il se place bien au-dessus de ses contemporains. Il connaît déjà l'art de la composition ; il se sert d'une langue expressive. Enfin, bien qu'il ne parle jamais de lui-même qu'à la troisième personne, il apparaît dans tout ce livre avec une vie intense et tient toujours notre intérêt en suspens.

Il ne faut donc pas s'étonner du succès qu'a eu son livre au moyen âge. « L'immortelle histoire de saint Louis, dit M. Natalis de Wailly, restait ignorée au fond du château de Joinville et dans la librairie des rois de France, alors que le livre de Villehardouin avait fait le tour de l'Europe, et ne cessait d'y exciter l'admiration et la curiosité... Reportons-nous aux premières années du XIIIe siècle, alors que tous les échos de la renommée redisaient la fortune merveilleuse d'un comte de Flandre qui venait de ceindre la couronne impériale de Constantin, et nous pourrons comprendre quelle fut aussi, dès sa première apparition, la fortune du livre qui racontait cette grande aventure... Que si on examine aujourd'hui les manuscrits qui nous l'ont conservé, on y trouve sans peine, dans les altérations de tout genre dont ils sont remplis, la preuve que cette vogue dura longtemps, et qu'elle entraîna après soi plus d'un inconvénient. Lacunes et fautes grossières qui interrompent et troublent le sens, retranchements, additions et synonymes qui énervent et dénaturent la langue, tout concourt à prouver que jamais texte n'eut à subir de plus graves atteintes. Il semble même que pour expliquer tant d'altérations, il faille supposer que ce livre fut récité en public comme nos vieilles chansons de geste, et que, livré à la merci des jongleurs, il eut à souffrir encore plus de leur licence que de la négligence des copistes. »

M. Natalis de Wailly a donné à ce livre un renouveau de popularité, et nous serions heureux si, pour notre modeste part, nous pouvions contribuer à faire aimer la *Conquête de Constantinople*.

ANALYSE ET EXTRAITS DE VILLEHARDOUIN

I. — Début du livre (§§ 1 et 2).

Sachiez que mil et cent et quatre vinz et dis set anz après l'incarnacion Nostre Seigneur Jesu Crist[1], au tens Innocent[2], apostoile de Rome, et Phelipe, roi de

---

[1] D'après notre manière de compter, c'est l'an 1198, et non l'an 1197. C'est que l'année ne commençait alors qu'à Pâques. Innocent III fut élu pape le 8 janvier, et le temps qui s'écoula depuis cette époque est attribué à l'année 1197.

[2] « Au temps d'Innocent. » Les fonctions du génitif possessif, quand le possesseur est un nom de personne au singulier, étaient remplies par le cas régime, que l'on plaçait ordinairement après le substantif régisseur. Toutefois on trouve encore dans Villehardouin des traces d'une autre construction qui consistait à placer le nom du possesseur après son régime : « la Dieu merci. » Enfin le chroniqueur emploie deux autres constructions pour rendre l'idée de possession; il fait précéder le cas régime de la préposition *de* : « a cors d'ome; » ou bien de la préposition *a* : « courz a riche prince. »

Innocent III, né en 1161, élu le 8 janvier 1198, mourut en 1216. Le nom d'*apostoiles*, qui lui est ici donné, indiquait le pape au moyen âge. C'est un mot savant, qui vient, non pas de *apostolus*, mais de *apostolicus*.

France[1], et Richart, roi d'Engleterre, ot un saint ome en France qui ot nom Fouques de Nuilli (cil Nuillis siet entre Laigni sour Marne et Paris); et il ere prestres, et tenoit la paroice de la ville. Et cil Fouques dont je vous di, comença à parler de Dieu par France et par les autres terres entour; et sachiez que Nostre Sire fist maintes miracles pour lui.

Sachiez que la renomee de cil saint ome ala tant qu'ele vint à l'apostoile de Rome, Innocent; et l'apostoiles envoia en France et manda au preudome qu'il preechast des croiz par s'autorité. Et après i envoia un suen chardonal, maistre Perron de Chapes[2], croisié; et manda par lui le pardon tel come je vous dirai : Tuit cil qui se croiseroient et feroient le servise Dieu un an en l'ost, seroient quite de touz les pechiez qu'il avoient faiz, dont il seroient confès. Pour ce que cil pardons fut issi granz, si s'en esmurent mout li cuer des genz, et mout s'en croisierent[3] pour ce que li pardons ere si granz.

Résumé. Ici Villehardouin énumère les seigneurs qui se croisèrent. Citons Thibaut III, comte de Troyes, Louis, comte de Blois et de Chartres, son cousin[4]; deux très hauts barons de France, Simon de Montfort et Renaud de Montmirail[5]; puis une foule de vassaux du roi de France, tels que Nevelon, évêque de Soissons, Matthieu de Montmorency, Gui de Couci. Un peu plus tard, Baudouin IX, comte de Flandre, prit la croix;

---

[1] Philippe-Auguste, né en 1165, roi en 1179, mort en 1223. — Richard Ier Cœur-de-Lion, né en 1157, roi en 1189, mort en 1199. — Foulques de Neuilli, mort en 1201.

[2] Son vrai nom était *Pietro Capuano*. Il était né à Amalfi, d'une famille de riches commerçants. En décembre 1199, il avait assemblé à Dijon un concile, et fulminé l'excommunication contre Philippe-Auguste, qui avait répudié Ingerburge pour épouser Agnès de Méranie.

[3] La préposition *en* est employée ici d'une manière explétive; cette construction est fréquente avec des verbes réfléchis.

[4] Thibaut III, né en 1177, comte de Troyes en 1197, mort en mai 1201. — Louis de Blois, comte de Blois et de Clermont en 1191, mort à la bataille d'Andrinople le 15 avril 1205. Ils étaient cousins germains par leurs mères Marie et Aalis, filles de Louis VII et d'Éléonore de Guienne.

[5] Simon IV, baron de Montfort en 1181, croisé en 1199, quitte la croisade quand il s'aperçoit qu'elle dévia de son but (avril 1203); chef de la

puis ce fut le tour de Hugues de Saint-Pol et de Geoffroi du Perche. Les croisés envoyèrent six délégués pour noliser une flotte. Villehardouin était du nombre, et il va nous raconter comment il conclut, lui et ses compagnons, un traité avec les Vénitiens (§§ 3-14).

II. — Traité conclu avec les Vénitiens (§§ 15-30).

Li dus de Venice, qui ot a nom Henris Dandole, et ere mout sages et mout preuz, si les onoura mout, et il et les autres genz; et les virent mout voulentiers. Et quant il baillierent les letres leur seigneurs, si se mervveillierent mout pour quel afaire il erent venu en la terre. Les letres erent de creance; et dirent li conte qu'autant les creüst en come leur cors[1], et tendraient fait ce que cist sis feroient.

Et li dus leur respont : « Seigneur, je ai veües voz letres[2]; bien avons coneü que vostre seigneur sont li plus haut ome qui soient sans courone; et il nous mandent que nous creons[3] ce que vous nous direz, et tendront ferme ce que vous ferez. Or dites ce que vous plaira[4]. »

Et li message respondirent : « Sire, nous voulons que vous aiez vostre conseil, et devant vostre conseil nous

croisade contre les Albigeois en 1208, comte de Toulouse et duc de Narbonne en 1215, mort devant Toulouse en juin 1218. — Renaud de Montmirail, frère de Henri IV, baron de Donzy, croisé en même temps que Montfort, quitta l'armée des croisés en 1203 pour se rendre en Syrie ; après avoir vainement attendu dans ce pays, arriva à Constantinople à la fin de l'année 1204 ; mort à la bataille d'Andrinople en 1205.

[1] Le mot « cors » est souvent employé au moyen âge, et en particulier par Villehardouin, pour indiquer la personne elle-même : « come leur cors » veut donc dire « come eux-mêmes ». Ailleurs (§ 93), le chroniqueur emploie une construction plus originale encore : « Et il ses cors ira, » pour signifier : « Et il ira lui-même. »

[2] Le participe passé s'accorde toujours, et l'auteur ne connaît pas la règle de position des participes passés employés avec *avoir*.

[3] Nous avons ici une forme du subjonctif, bien qu'elle n'ait pas l'*i* qui affecte toujours aujourd'hui les deux premières personnes du pluriel de ce temps. Au commencement du XIII° siècle, l'*i* ne se trouve au subjonctif que quand il est étymologique.

[4] Avec les verbes impersonnels, le sujet *il* est souvent omis.

vous dirons ce que nostre seigneur vous mandent, demain s'il vous plaist. » Et li dus leur respondi qu'il leur requeroit respit au quart jour, et adonc avroit son conseil ensemble, et pourroient dire ce qu'il requeroient.

Il atendirent tresci qu'au quart jour[1] qu'il leur ot mis[2] : il entrerent eu palais qui mout ere riches et beaus, et trouverent le duc et son conseil en une chambre ; et dirent leur message en tel maniere : « Sire, nous somes a toi venu de par les hauz barons de France qui ont pris le sine[3] de la croiz, pour la honte Jesu Crist vengier et pour Jerusalem reconquerre, se Dieus le vuet soufrir. Et pour ce qu'il sevent que nule genz n'ont si grant pouoir[4] d'eus aidier come vous et la vostre genz, vous prient pour Dieu que vous aiez pitié de la terre d'outre mer, et de la honte Jesu Crist, et que vous voilliez metre peine coment il puissent avoir navie et estoire[5] . »

« En quel maniere ? fait li dus. — En toutes les manieres, font li message, que vous leur savrez loer ne conseillier qu'il faire ne[6] soufrir puissent. — Certes, fait li dus ; grant chose nous ont requise, et bien semble qu'il beent[7] a haut afaire ; et nous vous en respondrons

---

[1] *Tresci que*, jusqu'à ce que. *Li quart jour*, le quatrième jour : *quart* n'est plus usité dans le sens ordinal, mais seulement pour indiquer un nombre fractionnaire.

[2] Nous emploierions aujourd'hui le plus-que-parfait. Mais c'est une remarque générale, que les temps passés sont employés par Villehardouin d'une manière très libre et sans règles définies.

[3] Mot savant : la forme normale serait *seing* (latin *signum*).

[4] Il y a ici une syllepse de nombre : *genz* est au cas sujet singulier, et son verbe est au pluriel. Cette construction est fréquente dans notre texte. Plus loin nous trouverons en même temps une syllepse de genre et une syllepse de nombre : « Nostre genz sont povres et disetens. »

[5] *Navie* n'a pas de correspondant exact en latin : il vient d'un mot apparenté à *navigium*, et est ordinairement du féminin ; il signifie « flotte », et non pas « navire ». *Estoire* vient, par l'intermédiaire du latin, du mot grec στόλιον, qui indique une expédition, surtout une expédition maritime. Il a aussi le sens de « flotte ».

[6] *Ne*, particule disjonctive, n'a pas ici un sens négatif, mais seulement un sens dubitatif.

[7] L'infinitif est *baer* (du latin *badare*), aspirer à. Nous retrouvons plus loin (p. 36), un composé de ce verbe dans le participe présent « abaans ».

d'üi à uit jourz. Et ne vous merveilliez mie se li termes est lons, car il convient mout penser a si grant chose. » Au terme que li dus leur dist, il revindrent eu palais. Toutes les paroles qui la furent dites et retraites ne vous puis mie raconter ; mais la fins deu parlement fu teus : « Seigneur, fait li dus, nous vous dirons ce que nous avons pris a conseil[1], se nous i pouons metre nostre grant conseil et le comun de la terre qu'il l'otroit, et vous vous conseillerez se vous le pourrez faire ne soufrir. »

« Nous ferons uissiers[2] a passer quatre mil et cinc cenz chevaus, et nuef mil escuiers ; et es nés quatre mil et cinc cenz chevaliers, et vint mil sergenz a pié. Et a touz cez chevaus et cez genz iert teus la convenance qu'il porteront viande[3] a nuef mois. Tant vous ferons au meins, en tel forme qu'on donra pour le cheval quatre mars, et pour l'homme deus.

« Et toutes ces convenances que nous vous devisons, vous tendrons par un an, dès le jour que nous departirons deu port de Venice a faire le servise Dieu et la crestiënté, en quel lieu que ce soit. La some de cest avoir qui ci est devant nomez, si monte[4] quatre vinz cinc mil mars. »

« Et tant ferons nous plus que nous metrons cinquante galies armees[5] pour l'amour de Dieu, par tel convenance que, tant come nostre compaignie durra, de toutes conquestes que nous ferons de terre ne d'avoir, par mer ou

---

[1] « Ce que nous avons résolu. » Les doges avaient joui d'une autorité quasi-royale jusqu'en 1173. Mais, à la suite d'une révolution populaire, ce pouvoir fut considérablement diminué, et ils étaient obligés d'obtenir l'agrément du grand conseil et du peuple, « du comun de la terre », pour toutes les affaires de quelque importance.

[2] Bâtiments propres à transporter les chevaux, et munis pour cette fin d'une porte (d'où leur nom d'*uissiers*, *ostiarios*) et d'un pont-levis.

[3] *Viande* a encore ici son sens primitif, et désigne des vivres en général (*vivenda*).

[4] La préposition *a*, marque du datif, est souvent omise dans notre texte.

[5] Les galies étaient des bâtiments peu larges et peu élevés, mais assez longs, et disposés en vue d'une marche rapide.

par terre, la moitié en avrons, et vous l'autre. Or si[1] vous conseilliez, se vous le pourrez faire ne soufrir. »

Li message s'en vont, et dirent qu'il parleroient ensemble, et leur en respondront l'endemain. Conseillierent bien soi et parlerent ensemble cele nuit, et si s'acorderent au faire. Eu demain vindrent devant le duc et dirent : « Sire, nous somes prest d'asseürer cette convenance. » Et li dus dist qu'il en parleroit a la seue gent, et ce qu'il trouveroit, il le leur feroit savoir.

L'endemain, au tierz[2] jour, manda li dus, qui mout ere sages et preuz, son grant conseil : et li conseuz ere de quarante omes des plus sages. Et il, par son sens et par son engien[3], qu'il avait mout cler et mout bon, les mist en ce qu'il le loerent et voudrent. Ainsi les mist, puis cenz, puis deux cenz, puis mil, tant que tuit le creanterent et le loerent. Puis assembla ensemble bien dis mil en la chapele de Saint Marc, la plus bele qui soit, et si leur dist qu'il oïssent messe du Saint Esperit et priassent Dieu qu'il les conseillast de la requeste as messages qu'il leur avoient faite. Et si firent mout voulentiers.

Quant la messe fu dite, li dus manda as messages qu'il requeïssent a tout le pueple umblement qu'il vousissent que cele convenance fust faite. Li message vindrent eu moustier[4] : mout furent esgardé de maintes genz qui nes[5] avoient ainc mais veüz.

Jofroiz de Vilehardouin, li mareschaus de Cham-

---

[1] Si (du latin sic), est ici explétif, de même que dans la phrase suivante.
[2] « Le troisième jour ». Ce que nous avons dit plus haut du mot quart, s'applique aussi à tierz.
[3] « Par son esprit (engien, du latin ingenium), il les amena à l'approuver et à le vouloir. » La phrase suivante renferme les verbes creanter et loer, que l'on pourrait traduire par « agréer et approuver ».
[4] « Moustier » signifie proprement un monastère. Parfois aussi, et c'est ici le cas, ce mot indique une église à laquelle est rattaché un monastère. Le moustier de Saint-Marc renfermait les reliques de son patron, rapportées d'Alexandrie en 815.
[5] Nes, résultant de l'enclise de ne les. Ailleurs nous trouvons de même nel, pour ne le; as, pour a les.

paigne, moustra la parole, par l'acort et par la voulenté as autres messages, et leur dist : « Seigneur, li baron de France li plus haut et li plus puesteïf[1] nous ont a vous envoiiez ; si vous crient merci qu'il vous preigne pitié de Jerusalem, qui est en servage de Turs, que vous pour Dieu voilliez leur compaignie a[2] la honte Jesu Crist vengier. Et pour ce vous i ont esliz qu'il sevent que nule genz n'ont si grant pouoir, qui sour mer soient, comme vous et la vostre genz. Et nous comanderent que nous vous en cheïssons as piez, et que nous n'en levassons jusques a tant que vous avriez otroié que vous avriez pitié de la Terre sainte d'outre mer. »

Maintenant li sis message s'agenouillent a leur piez mout plourant, et li dus et tuit li autre s'escreverent[3] a plourer de la pitié, et s'escrièrent tuit a une voiz et tendirent leur mains en haut et dirent : « Nous l'otroions ! nous l'otroions ! » Enqui ot si grant bruit et si grant noise qu'il sembla que terre fondist.

Et quant cele granz noise remest[4] et cele granz pitiez, qu'onques plus grant ne vit nus om, li bons dus de Venice, qui mout ere sages et preuz, monta eu leteril[5] et parla au pueple et leur dist : « Seigneur, veez l'oneur que Dieu vous a faite[6], que la mieudre genz deu monde ont guerpie[7] toute l'autre gent, et ont requise vostre compaignie de si haute chose ensemble faire come de la rescousse Nostre Seigneur. »

[1] *Puesteïf* vient d'un substantif dérivé de *potestatem*, *puesté*, et du suffixe *if*.
[2] *A*, ici comme dans plusieurs autres passages, doit se traduire par *pour*, et correspond exactement à la préposition latine *ad*, soit avec l'accusatif, soit avec le gérondif.
[3] Composé du mot *crever*; « se brisèrent à pleurer... »
[4] Parfait du verbe *remanoir*, du latin *remanere* : le sens primitif n'a pas été conservé ici, et il faut traduire par « eut cessé. »
[5] « Le lutrin; » d'un mot apparenté à *lectrinum*, l'endroit où on lit.
[6] *Oneur* est du féminin, comme tous les noms qui ont la terminaison en *eur* au moyen âge.
[7] *Guerpir*, du germain *werpjan*, signifie « quitter »; le langage familier a conservé le composé « déguerpir. »

Des paroles que li dus dist bones et beles ne vous puis tout raconter ; mais ainsi fina[1] la chose que de faire les chartres prirent à l'endemain jour ; et furent faites et devisées[2]. Quant eles furent faites, si fu la chose devisée a conseil qu'on iroit en Babiloine[3], pour ce que par Babiloine[4] pourroient mieuz les Turs destruire que par autre terre. Et en oiance fut devisé qu'il en iroient outre mer. Il estoit adonc quaresmes, et de la saint Jehan en un an, qui fu mil deus cenz et deus ans après l'incarnacion Jesu Crist, devoient li baron et li pelerin estre en Venice, et li vaissel appareillié contre eus[5].

RÉSUMÉ. Geoffroi de Villehardouin retourne en France, tandis que quatre de ses compagnons s'efforcent en vain d'entraîner les Génois et les Pisans dans leurs projets de croisade. Une fois de retour, il assiste à la mort du comte Thibaut de Champagne, qui devait être le chef de l'expédition. Démarches infructueuses auprès du duc de Bourgogne et du comte de Bar-le-Duc, pour les déterminer à prendre le commandement des croisés. Ceux-ci s'adressent enfin au marquis de Montferrat, qui accepte leurs propositions, et se croise. Les seigneurs français partent pour Venise, où le rendez-vous a été fixé. Mais un certain nombre prend un autre chemin, et, parmi ces dissidents, une partie seulement consent à rejoindre le gros de l'armée. Quand il s'agit de payer les quatre-vingt-cinq mille marcs convenus pour le nolis de la flotte, les croisés ne peuvent le faire, malgré les sacrifices consentis par les principaux chefs. Alors les Vénitiens leur proposent un

---

[1] *Finer*, verbe formé d'après le substantif *fin*, a ici le même sens que « finir ».

[2] « Deviser » (du latin *devisare*, pour *divisare*) signifie proprement « partager ». Villehardouin emploie souvent ce verbe dans le sens de « décider » ; (voir la phrase suivante). Ici le sens est encore plus éloigné de la signification primitive, et il faut entendre que les chartes furent « arrêtées dans leurs termes ».

[3] « Babiloine » indique ici l'Égypte. C'était proprement le nom d'une ville, capitale de la basse-Égypte, maintenant en ruines, non loin du Vieux-Caire.

[4] Ici il y a ellipse du sujet : le verbe est au pluriel, parce que le sujet sous-entendu serait lui-même au pluriel.

[5] « Contre » signifie ici « en face d'eux » : au moyen âge, cette préposition indique souvent la tendance et la proximité, pour le temps comme pour le lieu.

sursis, à la condition qu'ils seront aidés par eux dans la prise de Zara; les croisés acceptent, et, quand la ville est soumise, y prennent leurs quartiers d'hiver. C'est alors qu'arrivent les messagers de Philippe de Souabe et du jeune Alexis l'Ange, demandant qu'on rétablisse sur le trône de Constantinople le vieil Isaac II, père d'Alexis. Les croisés se laissent gagner par les promesses qui leur sont faites, et partent, malgré l'opposition de l'abbé des Vaux de Cernay. Bien des défections se produisent alors. Arrivés à Corfou, ils sont rejoints par le jeune Alexis et les envoyés de Philippe de Souabe. Après de nouvelles difficultés et de nouveaux pourparlers, ils partent de Corfou, prennent Durazzo, Andros et Abydos [1], et arrivent en vue de Constantinople, où les vaisseaux en retard achèvent de se rallier (§§ 31-126.)

III. — Arrivée des croisés devant Constantinople (§§ 127-137).

Lors se partirent deu port d'Avie tuit ensemble. Si peüssiez veoir flouri le Braz Saint Jorge [2] contremont de nés et de galies et d'uissiers; et mout granz merveille ere la beautez a regarder. Et ainsi coururent contremont [3] le Braz Saint Jorge tant qu'il vindrent, la veille de la Saint Jehan Batiste, en juin, a Saint Estevene [4], a une abeïe qui ere a trois lieues de Coustantinoble. Et lors virent tout a plein Coustantinoble cil des nés et des galies et des uissiers, et prirent port et aancrerent leur vaisseaus.

Or pouez savoir que mout esgarderent Coustantinoble,

---

[1] Durazzo (Duras dans Villehardouin), ville de la haute Albanie, autrefois importante, aujourd'hui insignifiante. — Andros, la plus septentrionale des Cyclades, avec une ville du même nom. — Abydos (Avie), sur le détroit des Dardanelles, ville importante par sa position, le détroit n'ayant que deux lieues en cet endroit.

[2] Le Bras de Saint-Georges, ainsi appelé à cause du monastère de Saint-Georges, bâti à l'entrée de ce détroit, est proprement le canal de Constantinople. Mais parfois ce terme désigne en même temps la mer de Marmara, et même toute l'étendue d'eau qui comprend le détroit des Dardanelles, la mer de Marmara et le canal de Constantinople.

[3] « En remontant »; on dit maintenant « en amont ».

[4] L'abbaye Saint-Étienne, sur la Propontide.

cil qui onques mais ne l'avoient veüe, qu'il ne pouoient mie cuidier que si riche vile peüst estre en tout le monde. Come il virent ces hauz murs et ces riches tours dont ele ere close tout entour a la reonde, et cez riches palais et cez hautes iglises, dont i avoit tant que nus nel peüst croire, s'il ne le veïst a l'ueil, et le lonc et le lé de la vile qui de toutes les autres ere souveraine, sachiez qu'il n'i ot si hardi cui la charz ne fremist ; et ce ne fu mie merveille, qu'onques si granz afaires ne fus empris de nule gent, puis que le monz fu estorez [1].

Lors descendirent a terre li conte et li baron et li dus de Venice, et fu li parlemenz au moustier Saint Estevene. La ot maint conseil pris et doné [2]. Toutes les paroles qui la furent dites ne vous contera mie li livres [3] ; mais la some deu conseil si fu teus que li dus de Venice se dreça en estant et leur dist :

« Seigneur, je sai plus deu convine [4] de cest païs que vous ne faites, car autres foiz i ai esté. Vous avez le plus grant afaire et le plus perilleus entrepris qu'onques genz entrepreïssent ; pour ce si convendroit qu'on ouvrast sagement. Sachiez, se nous alons a la terre ferme, la terre est granz et large, et nostre genz sont povre et diseteus de la viande ; si s'espandront par la terre pour querre la viande ; et il i a mout grant plenté [5] de la gent eu païs ; si ne pourriiens tout garder que nous n'en perdissons. Et nous n'avons mestier de perdre, que mout avons pou de gent a ce que nous voulons faire.

---

[1] « Depuis que le monde fut créé. » *Estorez* vient du latin * *istaurare*, pour *instaurare* (cf. le vieux français *estrument*).

[2] Ici le pronom *il* et l'adverbe *i* sont tous deux supprimés devant l'impersonnel *avoir*. Remarquons aussi que le sujet logique est toujours construit au cas régime avec le verbe *avoir*, ce qui prouve qu'on le considérait bien comme un complément direct et non comme un sujet.

[3] Voir plus haut, p. 9, note 1.

[4] Ce mot vient du verbe *convenir*, et signifie « état, manière d'être ».

[5] *Plenté* (latin *plenitatem*) signifie « multitude, abondance » : l'adjectif *plantëüreus* (voir un peu plus loin), est formé de ce substantif et du suffixe *ureus*.

« Il a isles ci près, que vous pouez veoir de ci, qui sont habitees de genz et labourees [1] de blez et de viandes et d'autres biens. Alons enqui prendre port, et recoillons les blez et les viandes deu païs; et quant nous avrons les viandes recoillies, alons devant la vile et faisons ce que Nostre Sire avra pourveü. Car plus seürement guerroie cil qui a la viande que cil qui n'en a point. » A cel conseil s'acorderent li conte et li baron, et s'en ralerent tuit a leur nés, chascuns a ses vaisseaus.

Ainsi reposerent cele nuit. Et au matin, le jour de la feste mon seigneur saint Jehan Batiste, en juin, furent dreciees les banieres et li gonfanon es chasteaus des nés, et les houces ostées des escuz, et portendu li bort des nés [2]. Chascuns regardoit ses armes teus come a lui convint, que de fi sevent que par tens [3] en avront mestier.

Li marinier traient les ancres et laissent les voiles au vent aler, et Dieus leur done bon vent tel come a eus convint. Si s'en passent tres par devant Coustantinoble, si près des murs et des tours qu'a maintes de leur nés traist [4] : si i avoit tant de gent sour les murs et sour les tours, qu'il semblait qu'il n'eüst se la non [5].

Ainsi leur bestourna [6] Dieus Nostre Sire le conseil que

---

[1] Ce sont les îles des Princes, dans la mer de Marmara. Elles étaient « labourées », c'est-à-dire cultivées de manière à produire du blé et d'autres biens.

[2] Les châteaux des nefs étaient des tours ou des ouvrages en bois où l'on plaçait des machines de guerre, et que l'on faisait assez élevés pour pouvoir tirer sur l'ennemi de haut en bas. Les écus, une fois débarrassés de leurs housses, étaient placés sur le bord des vaisseaux de manière à former des créneaux, derrière lesquels les combattants se mettaient à l'abri après avoir lancé leurs traits.

[3] « Savoir de fi » veut dire « savoir certainement (fi vient du latin $fidum$). » — « Par tens » veut dire « à l'occasion, parfois ».

[4] « Traist », du latin $traxit$, a un sujet sous-entendu, le pronom on vraisemblablement. Remarquons, dans cette phrase et la précédente, combien facilement l'auteur passe d'un temps à un autre.

[5] « Qu'il n'y en eût sinon là. » Les deux particules si et non ne sont pas encore réunies en un seul mot, et sont d'ordinaire séparées par un mot ou une locution.

[6] Du latin bis $tornare$, le préfixe ayant un sens péjoratif : ce verbe signifie donc « faire mal tourner, changer. »

fu pris le soir de tourner es isles, aussi come se chascuns n'en eüst onques oï parler, et maintenant traient a la ferme terre plus droit qu'il onques pueent. Et prirent port devant un palais l'empereeur Alexi, dont li lieus estoit apelé Calcedoines[1]; et fu endroit Coustantinoble, d'autre part deu Braz, devers la Turquie. Cil palais fu un des plus beaus et des plus delitables qu'onques ueil peüssent esgarder, de touz les deliz qu'il convient a cors d'ome, qu'en maison de prince doit avoir.

Et li conte et li baron descendirent a la terre et se herbergierent eu palais et a la vile entour ; et li pluseur[2] tendirent leur paveillons. Lors furent li cheval trait fors des uissiers, et li chevalier et li serjant descendirent a la terre a toutes leur armes, si qu'il ne remest es vaisseaus que li marinier. La contree fu bele et riche et plenteüreuse de touz biens, et les moies[3] des blez, qui estoient moissoné, par mi les champs. Tant que chascuns en vout prendre, si en prist, come cil qui grant mestier en avoient.

Ainsi sejournerent en cel palais l'endemain, et au tierz jour leur dona Dieus bon vent; et cil[4] marinier resachent leur ancres et drecent leur voiles au vent. Ainsi s'en vont contremont le Braz, bien une lieue dessour Coustantinoble, a un palais qui ere l'empereeur

---

[1] Chalcédoine, autrefois ville importante, n'est plus qu'un village. Elle est « endroit », c'est-à-dire vis-à-vis Constantinople, et sur la côte d'Asie Mineure. N'oublions pas qu'en ce moment les Turcs ne s'étaient pas encore établis dans le pays d'Europe, et n'avaient pas non plus conquis toute l'Anatolie : quand Villehardouin parle de la Turquie, il n'indique jamais que la partie de l'Asie Mineure occupée par les Turcs.

[2] Précédé de l'article, pluseur signifient « la plupart, le plus grand nombre. » Ce mot vient, non pas de pluriores, mais de plus, auquel on a adjoint le suffixe — eur, du latin — ores.

[3] « Moie » du latin meta, indique un amas de gerbes ou simplement une gerbe. Remarquons, à la fin de la phrase, « par mi » en deux mots (du latin per medium), où l'on reconnait facilement une forme neutre.

[4] « Cil » n'a plus ici qu'une valeur démonstrative affaiblie, et tient la place de l'article. Cet emploi du pronom démonstratif est fréquent dans la Chanson de Roland. Le verbe resachier, que nous trouvons au même endroit, signifie « lever », et a la même origine que le substantif saccade.

Alexi, qui ere apelez l'Escutaire [1]. Enqui s'aancrerent les nés et li uissier et toutes les galies ; et la chevalerie qui ere herbergiee [2] eu palais de Calcedoine ala encoste par terre.

Ainsi se herbergierent sour le Braz Saint Jorge, a l'Escutaire et contremont, l'oz [3] des François. Et quant ce vit l'empere Alexis, si fist la seue ost issir de Coustantinoble, si se herberja sour l'autre rive, d'autre part, endroit eus, si fist tendre ses paveillons, pour ce que cil ne peüssent prendre terre par force sour lui. Ainsi sejourna l'oz des François par nuef jourz, et se pourchaça [4] de viande cil qui mestier en ot : et ce furent tuit cil de l'ost.

RÉSUMÉ. Quatre-vingts chevaliers latins, qui s'étaient écartés de l'armée pour fourrager, défont cinq cents chevaliers grecs. L'usurpateur Alexis envoie un messager aux seigneurs croisés, pour les décider à partir sans lui faire la guerre. Conon de Béthune, au nom de ses compagnons, repousse les propositions de l'empereur, et assure que les croisés ne quitteront pas le pays avant d'avoir rendu le trône de Constantinople au souverain légitime, Isaac II. Le lendemain, ceux-ci essayent de gagner le peuple de la ville, en produisant devant les remparts le jeune Alexis : mais les Grecs n'osent pas se déclarer contre l'usurpateur. On se prépare de part et d'autre à la guerre. Les croisés se partagent en sept corps de bataille. Ils s'emparent du port sans coup férir, puis de la tour de Galatas, qui commandait l'entrée du port au moyen d'une forte et longue chaîne [5]. Ils attaquent alors la ville,

---

[1] Scutari d'Asie (il y a un Scutari d'Europe, en Albanie), ville d'environ cinquante mille habitants, formant un des faubourgs de Constantinople.

[2] « Logée. » Le mot « herberge » vient du germain *heriberga*, campement, logement.

[3] Cas sujet qui correspond au cas régime « ost ». Le mot « ost » signifie, non pas « un ennemi », mais « une armée », et est du féminin.

[4] « Pourchachier », du latin *pŏr captiare*, signifie « poursuivre, se procurer ». Ici le sens primitif a subi une déviation, et il faut traduire : « se munir de vivres ».

[5] C'était l'usage de défendre l'entrée des ports importants au moyen de longues chaînes, qui étaient soutenues par des pieux plantés de distance en distance au milieu de la mer. Pour forcer le port de Zara, les croisés avaient dû rompre une chaîne de cette sorte.

les Français par terre, les Vénitiens par mer. Le doge descend ensuite de sa galère, et ses troupes le suivent.

Les Grecs n'osent tenir le rempart, et déjà vingt-cinq tours sont au pouvoir des Latins, quand l'usurpateur sort de Constantinople pour attaquer les croisés qui sont restés devant la ville. Les tours déjà occupées sont abandonnées, et les Latins, tous rassemblés devant leurs retranchements, attendent bravement le choc de l'ennemi. Mais l'empereur se retire lâchement, réunit tous les trésors qu'il peut emporter, et abandonne sa capitale. Isaac est rétabli sur le trône par les Grecs, confirme les engagements pris par son fils envers les croisés, et associe celui-ci à l'empire. Le jeune Alexis prie les Latins de prolonger leur séjour jusqu'à ce que son pouvoir soit affermi. Malgré l'opposition des seigneurs, qui dès Corfou voulaient gagner sans retard la Syrie, cette demande lui est accordée. Mais tandis qu'il parcourt l'empire pour le pacifier et le soumettre à sa volonté, des différends s'élèvent à Constantinople entre Grecs et Latins ; le feu, allumé par une main inconnue, dévore plusieurs quartiers de la ville. Une fois de retour, le jeune empereur, croyant son pouvoir suffisamment établi, diffère indéfiniment l'exécution de ses promesses. En présence de la mauvaise foi de leur obligé, les Latins se consultent, et décident de lui envoyer un défi (§§ 138-210).

IV. — Défi des croisés : les Grecs essayent d'incendier pendant la nuit la flotte des Latins (§§ 211-220).

A cel message fu esliz Cuenes de Betune, et Jofroiz de Vilehardouin, li mareschaus de Champaigne, et Miles le Braibanz de Provins ; et li dus de Venice i envoia trois hauz omes de son conseil. Ainsi monterent li message sour leur chevaus, les espees ceintes : et chevauchierent ensemble tresqu'au palais de Blaquerne. Et sachiez qu'il alerent en grant peril et en grant aventure, selonc la traïson as Grieus.

Ainsi que descendirent a la porte et entrerent eu palais, trouverent l'empereeur Alexi et l'empereeur Sursac[1]

---

[1] Il s'agit d'Isaac II. Du Cange fait venir « Sursac » de Κύριος Ἰσαάκιος. Mais cette explication n'est pas certaine ; le mot Κύριος aurait dû devenir *Kir* dans ce nom composé. (La *Chronique de Morée* présente l'expression Κυρσάκης, pour désigner Isaac II).

son pere seanz en deus chaeres lez a lez. Et delez eus seoit l'empereris, qui ere feme au pere et marastre au fil, et ere suer au roi d'Unguerie, bele dame et bone[1]. Et furent a grant plenté de hautes genz, et mout sembla bien courz a riche prince.

Par le conseil as autres messages moustra la parole Cuenes de Betune, qui mout estoit sages et bien emparlez : « Sire, nous somes a toi venu de par les barons de l'ost et de par le duc de Venice. Et saches tu qu'il te reprouvent[2] le grant servise qu'il t'ont fait, come la genz sevent et come il est aparoissant. Vous leur avez juré, vous et vostre pere, la convenance a tenir que vous leur avez convente ; et voz chartes en ont[3]. Vous ne leur avez mie si bien tenue comme vous deüssez.

« Semons vous ont maintes foiz, et nous vous en semonons, voianz[4] touz vos barons, de par eus, que vous leur tegniez la convenance qui est entre vous et eus. Se vous le faites, mout leur iert bel[5] ; et se vous nel faites, sachiez que dès ore en avant il ne vous tiennent ne pour seigneur ne pour ami, ainz pourchaceront qu'il avront le leur[6] en toutes les manieres qu'il pourront. Et bien vous mandent il qu'il ne feroient ne vous n'autrui mal, tant qu'il l'eüssent desfiié, qu'il ne firent onques traïson, n'en leur terre n'est il mie acoutumé qu'il le facent. Vous avez bien oï que nous vous avons dit, et vous vous conseillerez si come vous plaira. »

Mout tindrent li Grieu a grant merveille et a grant

---

[1] L'impératrice dont il est question ici était Marguerite de Hongrie, mariée plus tard à Boniface de Montferrat.
[2] « Reprochent. » Remarquons qu'à la fin de son discours Conon emploie le pluriel de politesse, bien qu'il s'adresse à Alexis seul.
[3] « Ils ont les chartes par lesquelles vous vous êtes engagés. » Le sujet de « ont » est sous-entendu.
[4] Le participe présent est toujours variable à l'époque de Villehardouin.
[5] L'adjectif qui se rapporte à un sujet impersonnel, exprimé ou sous-entendu, est toujours du neutre.
[6] « Ce qui est à eux. »

outrage ceste desfiance ; et dirent qu'onques mais nus n'avoit esté si hardiz qui osast l'empereeur de Coustantinoble desfiier en sa chambre meïsme. Mout fist as messages mauvais acueil l'emperere Alexis, et tuit li Grieu, qui maintes foiz leur avaient fait mout bel.

Li bruiz fut mout granz par le dedenz ; et li message s'en tournent et vienent a la porte, et montent sour leur chevaus. Quant il furent defors la porte, n'i ot celui qui ne fust mout liez ; et ne fu mie granz merveille, qu'il erent mout de grant peril eschampé, que mout se tint a pou qu'il ne furent tuit mort ou pris. Ainsi s'en revindrent a l'ost, et conterent as barons si come il avoient exploitié[1]. Ainsi comença la guerre, et forfist qui forfaire pot, et par mer et par terre. En maint lieu assemblerent li Franc et li Grieu : onques, la Dieu merci[2] ! n'assemblerent ensemble que plus n'i perdissent li Grieu que li Franc. Ainsi dura la guerre grant piece, tresqu'enz eu cuer de l'iver.

Et lors se pourpensèrent li Grieu d'un mout grant engien, qu'il prirent dis et set nés granz, ses emplirent toutes de granz mairriens et d'esprises[3] et d'estoupes et de poiz et de toneaus, et atendirent tant que li venz venta devers eus mout durement. Et une nuit, a mie nuit, mirent le feu es nés et laissierent les voiles aler au vent ; et li feus aluma mout haut, si qu'il sembloit

---

[1] « Esploitier » vient de « espleit, esploit », qui lui-même dérive du latin *explicitum*, chose accomplie. Ce verbe peut donc se traduire par « exécuter, réussir ».

[2] Voir plus haut, p. 18, note 2. Remarquons auparavant le verbe « forfaire », qui signifie « agir en dehors des lois, mal agir » ; et le verbe « assembler », qui est neutre, et non pas, comme aujourd'hui, pronominal. La même remarque s'applique au verbe « allumer », que nous rencontrons un peu plus loin.

[3] « Mairrien », du latin *materiamen*, indique un gros bois de charpente. Le substantif « esprise », qui signifie quelque chose d'enflammé, n'est autre que le féminin de « espris », participe passé de « esprendre », qui signifiait « saisi par le feu, enflammé ». Le participe passé « épris » n'est plus employé maintenant que dans un sens figuré.

que toute la terre arsist. Et ainsi s'en vienent vers les navies des pelerins ; et li criz lieve en l'ost, et saillent as armes de toutes parz. Li Veniciien courent a leur vaisseaus, et tuit li autre qui vaisseaus i avoient, et les comencent a rescourre deu feu mout viguereusement.

Et bien tesmoigne Jofroiz li mareschaus de Champaigne, qui ceste uevre dita[1], qu'onques sour mer ne s'aidierent genz mieux que li Veniciien firent ; qu'il saillirent es galies et es barges[2] des nés, et prenoient les nés toutes ardanz[3] a cros, et les tiroient par vive force devant leur enemis fors deu port, et les metoient eu courant deu Braz, et les laissoient aler ardant contreval le Braz. Des Grieus i avoit tant sur la rive venuz que ce n'ere fins ne mesure ; et ere li criz si granz qu'il sembloit que terre et mers fondist. Et entroient es barges et traioient as noz qui rescouoient le feu ; et en i ot de bleciez.

La chevalerie de l'ost, errantment[4] qu'ele ot oï le cri, si s'armerent tuit ; et oissirent les batailles as chans, chascune endroit soi, si come ele ere herbergiee ; et il douterent que

---

[1] Le mot « ditier » (= dicter) n'a pas nécessairement le même sens qu'aujourd'hui. De même que le latin *dictare*, il peut signifier « composer, exposer, raconter ». Mais on s'accorde à entendre l'expression de Villehardouin dans le sens moderne. Le chroniqueur a bien dicté son récit à un clerc.

[2] « Les barques qui portaient à terre les passagers ou les marchandises des nefs ». « Barge » est une forme dialectale qui vient du bas-latin *barca*; la forme normale serait « barche ». « Barque » est venu en français en passant par le provençal *barca*.

[3] Remarquons que le participe présent ne s'accorde pas en genre, parce qu'il n'a pas une forme spéciale pour le féminin. « A cros » veut dire « avec des crocs ». « Ardant » est invariable plus bas, parce que c'est un gérondif, et non un participe présent.

[4] Le verbe latin *iterare* (de *iter*) a donné en français « errer », qui signifiait « marcher, agir » : (cf. la locution « aller grand'erre », où nous retrouvons un substantif formé de cet infinitif). Le gérondif « errant » signifiait donc « en agissant, activement, tout de suite, aussitôt. » L'adverbe *errantment*, formé du participe présent correspondant et du suffixe —*ment*, a le même sens que ce gérondif, et doit se traduire ici par « aussitôt ».

li Grieu ne les venissent assaillir par devers les chans.

Ainsi soufroient cel travail et cele angoisse tresqu'au cler jour ; mais par l'aiue de Dieu ne perdirent noiant li nostre fors qu'une nef de Pisans qui ere pleine de marcheandise : icele fu arse deu feu. Mout orent esté en grant peril cele nuit ; que se leur naviles [1] fust ars, il eüssent tant perdu, qu'il ne s'en peüssent aler par terre ne par mer. Icel guerredon [2] leur vout rendre li emperere Alexis deu service qu'il li avoient fait.

Résumé. Les Grecs, voyant que le jeune empereur leur suscite la guerre avec les croisés, se concertent pour le renverser. Sous la conduite de Murzuphle, ils se saisissent de sa personne pendant la nuit, et le jettent en prison. Isaac meurt sous le coup de l'émotion que lui cause cette nouvelle, et son fils Alexis est mis à mort par ordre de l'usurpateur. Les croisés décident de punir cet attentat. Murzuphle attaque en rase campagne Baudouin de Flandre, qui est sorti pour fourrager avec une partie de l'armée : mais il est battu et perd son gonfanon impérial.

Villehardouin parle incidemment des croisés, Flamands et autres, qui étaient allés en Syrie au lieu de suivre Boniface de Montferrat, et qui n'ont pu venir à bout de rien. D'autres croisés, qui s'étaient mis au service de Bohémond d'Antioche, périssent dans une embuscade préparée par les Turcs.

Les Francs et les Vénitiens, avant d'attaquer Constantinople, tiennent conseil pour savoir ce qu'ils feront quand la ville sera prise. Ils décident que l'empereur sera élu par six Francs et six Vénitiens ; qu'il aura le quart de toutes les conquêtes, et que le reste sera partagé également entre les deux peuples. Puis ils donnent un premier assaut, qui est repoussé. Dans un second, ils prennent quatre tours et brisent trois portes de la ville. Murzuphle n'a pas le courage de leur résister, et, après s'être retiré dans une autre partie de la ville, s'enfuit secrètement pendant la nuit. Pendant ce temps, un quartier de Constantinople est incendié par des croisés, qui veulent se prémunir contre les Grecs. La ville, une fois prise, est mise au pillage, et le butin est partagé entre les Francs et les Vénitiens (§§ 221-255).

---

[1] Signifie « flotte ».
[2] Ce mot signifie « récompense », et est employé ici dans un sens ironique : il a une origine germanique, qui n'a pas encore été bien éclaircie

V. — Baudouin de Flandre est élu empereur de Constantinople (§§ 256-265).

Lors assemblerent a un parlement, et requist li comuns de l'ost qu'il vouloient faire empereeur, si come devisé ere. Et tant parlerent qu'il prirent un autre jour; et a cel jour seroient eslit li douze sour qui seroit l'esliçons. Et ne pouoit estre qu'a si grant oneur come de l'empire de Coustantinoble, n'en i eüst mout des abaanz et des envieus. Mais li granz descorz qui i fu, si fu du conte Baudouin de Flandres et de Hainau et deu marchis Bonifaz de Montferrat ; et de ces deus disoient toute la genz que li uns le seroit.

Et quant ce virent li preudome de l'ost qu'il tenoient[1] a l'un et a l'autre, si parlerent ensemble et dirent : « Seigneur, s'on eslit l'un de cez deus hauz barons, li autres avra tel envie qu'il en menra toute sa gent. Et ainsi se puet perdre la terre ; qu'autresi[2] deüst estre perdue cele de Jerusalem, quand il eslirent Jofroi de Boillon, quant la terre fu conquise. Et li cons de Saint Gile en ot si grant envie, qu'il pourchaça[3] as autres barons et a tous ceus qu'il pot, qu'il se partissent de l'ost. Et s'en ala assez de la gent, que cil remestrent si pou, que se Dieus ne les eüst soustenuz, que perdue fust la terre. Et pour ce, si devons garder que autresi ne nous aviegne.

« Mais pourchaçons coment nous les reteignons ansdeus[4]. Que celui cui Dieus donra qu'il soit esliz d'eus a

---

[1] Le pronom *il* a ici un sens indéfini, que nous rendrions aujourd'hui par *on*.

[2] Du latin *alterum sic ;* signifie *de la même manière*.

[3] *Pourchacier* a ici un sens particulier, et signifie *chercher à faire exécuter*. Dans la même phrase, remarquons le verbe *se partir*, qui signifie *se séparer*. Plus tard il a cessé d'être réfléchi pour devenir neutre, comme il l'est aujourd'hui.

[4] Cas régime de *ambedui*, tous deux.

empereeur, que li autres en soit liez; et cil doinst a l'autre toute la terre d'autre part deu Braz devers la Turquie et l'islé de Grece; et cil en sera ses om. Ainsi les pourrons ansdeus retenir. » Ainsi come il fu devisé, si fu fait : et l'otroieront ambedui mout debonairement. Et vint li jourz deu parlement, que li parlemenz assembla; et furent eslit li douze, sis d'une part et sis d'autre; et cil jurerent sour sainz qu'il esliroient, a bien et a bone foi, celui qui plus grant mestier i avroit et qui mieudre seroit a gouverner l'empire.

Ainsi furent eslit les douze, et uns jourz pris de l'esliçon; et a cel jour qui pris fu, assemblerent a un riche palais, ou li dus de Venice ere a ostel, un des plus beaus deu monde. La ot si grant assemblee de gent que ce n'ere se granz merveille non; que chascuns vouloit veoir qui seroit esliz. Apelé furent li douze qui devoient faire l'esliçon, et furent mis en une mout riche chapele, qui dedenz le palais ere; et ferma on l'uis par defors, si qu'il ne remest nus avuec eus; et li baron et li chevalier remestrent en un grant palais defors.

Et dura li conseuz tant qu'il furent a un acort¹; et chargierent leur parole, par le creant de touz les autres, a Nevelon l'evesque de Soissons, qui ere uns des douze. Et vindrent fors la ou li baron furent tuit et li dus de Venice. Or pouez savoir qu'il furent de maint ome esgardé, pour savoir quel l'esliçons seroit. Et li evesques leur moustra la parole, oanz touz, en tel maniere come il estoit chargiez des autres, et leur dist : « Seigneur, nous somes acordé, la merci Dieu! de faire empereeur, et vous avez tuit juré que celui cui² nous esli-

---

¹ Le doge de Venise craignait l'influence de Boniface de Montferrat, qui était partisan des Génois. Comme il disposait de six voix sur douze, il n'eut pas de peine à faire exclure le marquis.

² *Cui* peut remplir les fonctions, non pas seulement du génitif et du datif, comme nous avons déjà pu le constater (*cui la charz ne fremist, cui Dieus donra*), mais encore celle de l'accusatif, comme nous pouvons le voir ici.

rons a empereeur, vous le tendrez pour empereeur ; et se nus en vouloit estre encontre, que vous li seriez aidant. Et nous le nomerons en l'eure que Dieus fu nez : le conte Baudouin de Flandres et de Hainau ! »

Et li criz fu levez de joie eu palais ; si l'emportent deu palais ; et li marchis Bonifaz de Montferrat l'emporte tout avant d'une part enz eu moustier, et li fait toute l'oneur qu'il pot. Ainsi fu esliz li cons Baudouins de Flandres et de Hainau a empereeur, et li jourz pris de son couronement a trois semaines de Pasques. Or pouez savoir que mainte robe i ot faite pour le couronement ; et il orent bien de quoi.

Dedenz le terme deu couronement, espousa li marchis Bonifaz de Montferrat l'empereris qui fu feme l'empereeur Sursac, qui ere suer le roi d'Unguerie. Et en cel terme mouru uns des plus hauz barons de l'ost, qui avoit nom Uedes li Champenois de Chanlite ; et fu mout plainz et plourez de Guillaume son frere et de ses autres amis. Et fu enterrez au moustier des Apostres, a grant oneur.

Li termes deu couronement aprocha ; et fu couronez a grant joie et a grant oneur l'emperere Baudouins au moustier Sainte Sophie, en l'an de l'incarnacion Jesu Crist mil deus cenz ans et quatre. De la joie ne de la feste ne convient mie a parler, qu'en firent li baron et li chevalier come plus il porent ; et li marchis Bonifaz de Montferrat, et li cons Loueïs de Blois et de Chartain l'onourerent come leur seigneur. Après la grant joie deu couronement, en fu menez[1] a grant feste et a grant procession eu riche palais de Bouchelion, qu'onques plus riches ne fu veüz. Et quant la feste fu passee, si parla l'emperere de ses afaires.

---

[1] Les deux parties du verbe composé « emmener » sont encore distinctes à cette époque.

Bonifaz, li marchis de Montferrat, li requist ses convenances : qu'il li rendist, si come il li devoit doner, la terre d'outre le Braz devers la Turquie et l'isle de Grece¹. Et l'emperere li conu bien qu'il li devoit faire, et qu'il li feroit mout voulentiers. Et quant ce vit li marchis de Montferrat que l'emperere li vouloit atendre ses convenances si debonairement, si li requist qu'en eschange de cele terre li donast le roiaume de Salonique, pour ce qu'il ere devers le roi d'Unguerie, cui sereur avait a feme.

Assez en fu parlé en maintes manieres ; mais toutes voies² fu la chose menee a tant que l'emperere li otroia, et il en fist omage. Et fut mout granz joie par toute l'ost, pour ce que li marchis ere un des plus proisiez chevaliers deu monde, et des plus amez des chevaliers, que nus plus largement ne leur donoit. Ainsi fut remés³ en la terre li marchis de Montferrat come vous avez oï.

Résumé. Baudouin marche contre Murzuphle, qui s'enfuit à Messinople auprès d'Alexis III. Celui-ci donne à Murzuphle sa fille en mariage, et fait ensuite crever les yeux à son gendre. Baudouin se rend alors à Messinople, et Alexis III s'enfuit à son approche. L'empereur se dirige vers Thessalonique, malgré les protestations de Boniface de Montferrat, dont cette ville était la capitale.

Boniface se retire avec ses partisans, et va prendre le Dimot⁴, puis assiéger Andrinople, deux places qui appartiennent à Bau-

---

¹ *La terre d'outre le Braz* est l'Anatolie ; *l'isle de Grece* est la Crète. Boniface savait que la possession de l'Anatolie et de la Crète lui serait disputée (nous verrons plus loin comment Théodore Lascaris sut se créer une principauté dans le premier de ces deux pays) : il préférait donc être rapproché de la Hongrie, d'où il recevrait plus facilement des secours.
² Signifie « toutefois ».
³ Du latin populaire *rema(n)sus*. Nous avons vu plus haut d'autres formes du verbe *remanoir*, rester : *remest, remestrent*, de *rema(n)sit, rema(n)serunt*.
⁴ Le nom grec est Διδυμότειχον, à cause des doubles murs qui enfermaient cette ville. Elle était très forte, bâtie qu'elle était sur un rocher à pic, et environnée des eaux de la Maritza : c'est pourquoi elle est si souvent disputée par les armées ennemies dans le récit de Villehardouin.

douin. Villehardouin voit les dangers que cette dissension peut causer aux Latins. Il accourt vers le marquis de Montferrat, et le décide à quitter Andrinople pour retourner au Dimot, en s'en remettant à l'arbitrage du doge de Venise et des seigneurs restés à Constantinople. Quand Baudouin est de retour, les arbitres l'obligent à remettre Thessalonique aux mains de Boniface, qui consent de son côté à rendre le Dimot. Le marquis de Montferrat n'éprouve aucune résistance en entrant dans son royaume, sinon de la part des Grecs Leosgur [1] et Michalis. Les croisés se partagent en ce moment les terres de l'empire grec.

Murzuphle tombe aux mains de Baudouin, qui le fait précipiter du haut d'une colonne. Alexis III est pris par Boniface, qui l'envoie prisonnier en Italie avec l'impératrice sa femme. Les seigneurs, à l'exception d'un petit nombre, quittent Constantinople pour aller établir leur domination sur différents points de l'empire grec. Théodore et Constantin Lascaris, qui ont organisé la résistance en Asie, sont défaits par Henri de Flandre, auquel les Arméniens se sont ralliés. Pendant ce temps, des croisés reviennent de Syrie, annonçant la mort de Marie, femme de Baudouin, et s'unissent aux autres Latins pour défendre le nouvel empire.

Boniface guerroie contre Leosgur et assiège sans succès Corinthe et Nauplie. Les Grecs saisissent le moment où les croisés sont ainsi éloignés les uns des autres pour essayer de secouer leur joug. Ils s'allient à Johannis, roi des Bulgares, et se révoltent au Dimot et à Andrinople. Henri de Flandre est rappelé d'Asie Mineure, et les Latins se replient sur Constantinople, pour concentrer toutes leurs forces. Renier de Trit [2], qui garde en ce moment Philippopoli, est abandonné par les siens, et n'a plus avec lui que quinze chevaliers.

Villehardouin et Manassés de l'Isle sont partis en avant contre les Grecs soulevés. Sans attendre que toutes ses troupes soient arrivées, Baudouin rejoint ces deux seigneurs, et met le siège devant Andrinople. Johannis vient au secours de la ville, à la tête des Blaques, des Bougres et de quatorze mille Commains, qui

---

[1] Léon Sgure, qui plus tard épousa Eudoxie, fille d'Alexis III et veuve de Murzuphle. — Michalis est Michel l'Ange, qui s'empara de l'Epire et d'une partie de la Thessalie.

[2] Né au château de Trit, près de Valenciennes. Se défendit vaillamment par deux fois avec un petit nombre d'hommes : d'abord à Finepople (Philippopoli), et ensuite à l'Estanemac (Stenimakon). Mort après 1207. — Philippopoli est une ville de 34 000 habitants, bâtie sur trois éminences que baigne la Maritza, et maintenant annexée à la Bulgarie.

forment la cavalerie légère [1]. L'empereur et le comte Louis de Blois se laissent entraîner à la poursuite des Commains, et, devant le retour offensif de ces cavaliers sauvages, ne veulent pas lâcher pied. Le premier est fait prisonnier, et le second mis à mort avec un certain nombre de preux chevaliers. Les Latins profitent de la nuit pour battre en retraite sous la conduite du doge, tandis que Villehardouin commande l'arrière-garde. Ils arrivent à Rodestoc [2] et envoient des courriers à Constantinople, pour prévenir la ville contre une surprise de l'ennemi.

Henri, frère de Baudouin, est alors nommé régent de l'empire. Il se concerte avec les seigneurs latins, et envoie demander du secours au pape, à la France et ailleurs. Mort de Henri Dandolo.

En ce moment, Johannis occupe tout le pays d'Europe, à l'exception de Constantinople, Rodestoc et Salembrie, et Lascaris domine sur la côte d'Asie, à l'exception de Spiga. Le régent attaque les Grecs et leur reprend diverses villes; mais il échoue devant Andrinople. Pendant ce temps, Johannis fait une incursion dans le royaume de Thessalonique : il massacre la garnison de Serræ, et fait périr dans les supplices une partie des habitants de Philippopoli, abandonnée par Renier de Trit. Il envahit ensuite l'empire avec des forces considérables, et, dans sa marche victorieuse, brûle les villes, massacre les habitants, n'épargne personne. Effrayés de ses cruautés, les Grecs se réconcilient avec l'empereur : un des leurs, Théodore Branas [3], qui a épousé Agnès, sœur de Philippe-Auguste et veuve de deux empereurs byzantins, recevra en fiefs le Dimot et Andrinople. Johannis se présente

---

[1] Johannis, appelé par les Grecs Καλοιωάννης, fut surnommé par les Grecs Σκυλοιωάννης, à cause de ses déprédations. En écrivant au pape Innocent III, il s'intitulait *Joannitius, imperator Bulgarorum et Blacorum*. Il s'était rendu indépendant des empereurs grecs ; puis, à l'avènement de Baudouin, il avait proposé à cet empereur un traité d'alliance. Mais Baudouin lui avait répondu avec dédain. « Si eurent mauvais conseil, dit Robert de Clari ; si respondirent que ne de lui ne de son aïe n'avoient il cure, mais bien seür que mal li feroient s'il pouoient. » Johannis vengea cruellement l'insulte qu'il avait reçue. Cf. M. Édouard Sayous : *Les Bulgares, les croisés français de Constantinople et Innocent III*. Les Blaques ou Blas sont les Valaques ; les Bougres, les Bulgares ; quant aux Commains, c'étaient des barbares du Nord de la mer Noire, que Johannis s'était attachés en choisissant chez eux une épouse.

[2] Rodestoc, aujourd'hui Rodosto, 24 000 habitants, ville importante comme débouché maritime pour les produits de la province d'Andrinople.

[3] Théodore Branas, appelé par Villehardouin *le Vernas*, petit-neveu de l'empereur Manuel Comnène ; il avait toujours tenu pour le parti des Latins.

devant cette cité, dont l'entrée lui est refusée. Il assiège le Dimot; mais il voit alors arriver les croisés, et se retire, poursuivi par eux pendant le trajet de cinq journées de marche. Renier de Trit, enfermé depuis treize mois dans Stenimakon, est délivré par une troupe de croisés (§§ 266-440).

VI. — L'empereur Henri est couronné, et remporte une victoire sur Johannis (§§ 441-449).

Lors prirent conseil li baron qu'il iroient en Coustantinoble, et qu'il couroneroient Henri le frere de l'empereeur Baudouin; et laissierent au païs le Vernas a touz[1] les Grieus de la terre, et a touz quarante chevaliers que Henris[2] li bauz de l'empire li laissa. Et ainsi s'en ala Henris, li bauz de l'empire, et li autre baron en Coustantinoble, et chevauchierent par leur journees tant qu'il vindrent a Coustantinoble, ou il furent voulentiers veü. Lors couronerent a empereeur Henri, le frere l'empereeur Baudouin, le diëmenche après la feste madame sainte Marie en aoust, a grant joie et a grant oneur, a l'iglise Sainte Sophie, et ce fu en l'an de l'incarnacion de Nostre Seigneur Jesu Crist mil deus cenz anz et sis.

Et come li emperere fu couroné en Coustantinoble, si come vous avez oï, et li Vernas fu remés en la terre d'Andrenople et deu Dimot, Johannis, roi de Blaquie et de Bouguerie, quant il le sot, si amassa de gent quant qu'il pot. Et li Vernas n'ot mie refermé deu Dimot ce que Johannis en ot abatu a ses perieres et a ses mangoneaus[3], et l'ot povrement garni. Et Johannis chevaucha

---

[1] La préposition *a*, employée avec *tout*, signifie toujours l'accompagnement : *tout* varie au moyen âge, et devient invariable à l'époque du moyen français. Froissart dira : « a tout trois cens lances. »

[2] Le mot *bauz* (du latin *bajulus*) signifie « gouverneur, administrateur ». Henri de Flandre n'était qu'un fondé de pouvoirs avant d'être couronné empereur.

[3] La préposition *a* présente encore ici le sens de *avec*. — Les pierriers et les mangonneaux étaient des engins destinés à lancer des pierres. Mais

au Dimot, si le prist et l'abati, et fondi les murs tresqu'a terre; et court par tout le païs, et prent omes et femes, et enfanz et proies; et fist grant destruiëment. Lors manderent cil d'Andrenople l'empereeur Henri qu'il les secourust, que li Dimoz ere perduz en tel maniere.

Lors semonst l'emperere Henris quant qu'il pot avoir de gent, et oissi de Coustantinoble, et chevaucha vers Andrenople par ses journees, a toutes ses batailles ordenees. Et Johannis, li rois de Blaquie, qui ere en la terre, come il oï qu'il venoit, si se traist arieres vers la seue terre. Et l'emperere Henris chevaucha tant qu'il vint a Andrenople, et se loja defors en la praerie. Et lors vindrent li Grieu deu païs, si li dirent que Johannis, li rois de Blaquie, en menoit les omes et les femes et les proies, et avoit le Dimot destruit et tout le païs entour, et qu'il ere encore a une journee d'iqui. Et li conseuz de l'empereeur fu teus qu'il s'iroit a lui combatre, s'il l'atendoit, pour secourre les chatis et les chatives[1] qu'il en menoit. Et chevaucha après lui, (et cil s'en ala devant adès), et ainsi le sevi par quatre jourz. Lors vint a une cité que l'on apeloit Veroi[2].

Come cil de la cité virent l'ost de l'empereeur Henri venir, si s'en fuïrent es montaignes et guerpirent la cité. Et l'emperere vint a toute s'ost, et se loja devant la vile, et la trouva garnie de blez et de viandes et d'autres biens. Ainsi sejourna iqui par deus jourz, et fist ses genz courre

---

les premiers étaient beaucoup plus puissants; car ils pouvaient mouvoir des quartiers de rocher et des masses très lourdes. Seize pierriers, dressés par Johannis contre les murs de Constantinople, y avaient ouvert quatre brèches, qui avaient rendu l'assaut praticable (§§ 425 et 428).

[1] *Chatif* vient du latin *captivus*, et a gardé son sens originel dans ce passage. Cette forme est devenue *chaitif*, *chétif*, sous l'influence du provençal *caitif*, de *cactivum*. Remarquons l'évolution du sens dans ce mot, qui a fini par signifier « misérable, faible, pauvre », et, dans certaines provinces de la France, « méchant ».

[2] Veroi est la ville de Beroë. Le mot *adès*, qui précède, vient de *ad de ipsum*, et veut dire « à partir de ce moment, aussitôt. »

par le païs entour; et gaaignierent¹ assez proies de bues et de vaches et de bufles, et autres bestes a mout grant plenté. Lors se parti de ceste cité a touz ses gaainz, et chevaucha a une autre cité, loin d'iqui a une journée, qu'on apele Blisme. Et ainsi come li autre Grieu avoient laissiée l'autre cité, ravoient cil iceste laissiee : et il la trouva garnie de touz biens, et se herberja devant.

Lors leur vint une nouvele qu'a une valee a trois lieues de l'ost, estoient li chatif et les chatives que Johannis en menoit, a toutes leur proies et a touz leur chars. Lors atourna l'empereïe Henris que li Grieu d'Andrenople et cil deu Dimot les iroient querre, et leur chargeroit deus batailles de chevaliers. Ainsi come il fu devisé, si fu fait a l'endemain. De l'une bataille fu chataignes Eustaces², li frere l'empereeur Henri de Coustantinoble, et de l'autre Macaires de Sainte Manehaut.

Et chevauchierent entre eus³ et les Grieus, tresqu'en la valee qu'on leur ot enseigniee; et trouverent la gent ainsi come on leur ot dit. Et la genz Johannis assembla a la gent l'empereeur Henri : si i ot navrez de part et d'autre; mais, par la vertu de Dieu, orent li Franc la force, tournerent les chatis, et en menerent devant eus arieres.

Et sachiez que cele rescousse ne fu mie petite, que bien i ot vint mil qu'omes que femes qu'enfanz⁴, et bien trois mil chars chargiez de leur robes et de leur harnois, sans les autres proies dont il avoit assez. Et bien duroit la route, si come il venoient a l'ost, deus lieues granz;

---

¹ Du germain *weidanjan*; signifie « obtenir par son labeur », et aussi « conquérir ».

² Eustache de Flandre paraît ici pour la première fois dans le récit de Villehardouin. Mais il se trouve souvent dans le récit de Henri de Valenciennes, et il ne mourut que sous le règne de Robert, quatrième empereur de Constantinople.

³ Nous dirions aujourd'hui : « Eux et les Grecs ».

⁴ Cette construction est perdue aujourd'hui, aussi bien que la précédente. Elle signifie : « tant... que.. et que... ».

et ainsi vindrent a l'ost la nuit. Et en fu mout liez l'emperere Henris, et tuit li autre baron ; et les fist herbergier d'une part et bien garder, si qu'onques ne perdirent vaillant un denier de rien qu'i eüssent. L'endemain sejourna l'emperere Henris pour le pueple qu'il ot rescous. A l'autre jour se parti deu païs, et chevaucha tant par ses journees qu'il vint a Andrenople.

Lors dona congié as omes et as femes qu'il ot rescous, et chascuns s'en ala la ou il vout, en la terre dont il ere nez ou d'autre part[1]. Et les autres proies, dont il avoit mout grant plenté, furent desparties a ceus de l'ost si come il dut. Lors sejourna l'emperere Alexis par cinc jourz, et puis chevaucha tresqu'a la cité deu Dimot, pour savoir coment ele ere abatue, et s'on la pourroit refermer. Et se loja devant la vile, et vit, et il et si baron, qu'il n'estoit mie lieus de la fermer en tel point.

RÉSUMÉ. La fille de Boniface de Montferrat est fiancée à l'empereur Henri, et le mariage a lieu quelque temps après. Henri ravage les terres de Johannis, puis rentre à Constantinople, d'où il envoie des seigneurs en Asie, pour faire la guerre à Théodore Lascaris. Celui-ci s'allie à Johannis, pour qu'il provoque une diversion et qu'il attire les croisés au Nord. Le roi des Bulgares marche sur Andrinople avec ses troupes et ses alliés les Commains, et l'empereur rappelle aussitôt les Latins qui font la guerre en Asie. Lascaris en profite pour assiéger le Chivetot (Chios?), qui n'est défendu que par quarante chevaliers, commandés par Macaire de Sainte-Menehould. Henri, qui n'avait pas quitté Constantinople, accourt, attaque la flotte des Grecs, délivre ses gens, et abandonne le Chivetot, trop peu important pour être conservé. Johannis lève le siège d'Andrinople, parce que les Commains, gorgés de butin, refusent de poursuivre la guerre avec lui.

L'empereur délivre successivement Equise (Cyzique) et Nicomie (Nicomédie), assiégées par Lascaris. Il conclut avec lui une trêve de deux ans, pour pouvoir concentrer toutes ses forces contre Johannis. Il passe par Andrinople, et fait une incursion

---

[1] Il faut traduire ici : « ou d'un autre côté ».

sur les terres de ce roi. Mais une partie de ses troupes, s'étant avancée trop loin, éprouve un échec sérieux, et Henri revient à Andrinople (§§ 450-494).

VII. — Hommage lige de Boniface à l'empereur, et de Villehardouin à Boniface (495-497).

En cel termine, Bonifaz, li marchis de Montferrat, qui ere a la Serre, qu'il avait refermee, fist chevauchiees tresqu'a Messinople, et la terre se rendi a son comandement. Lors prist ses messages, si les envoia a l'empereur Henri, et li manda qu'il parleroit voulentiers a lui sour le flum qui court souz la Quipesale[1]. Et il n'avoient mais eü pouoir de parler ensemble, tresque la terre fu conquise ; qu'il avoit tant de leur enemis entre eus, que li uns ne pouoit venir a l'autre. Et quant l'emperere et ses conseuz oï que li marchis Bonifaz ere a Messinople, si en furent mout lié. Et li manda par ses messages ariers qu'il iroit parler a lui au jour qu'il li avoit mis.

Ainsi s'en ala l'emperere vers cele part, et laissa Conon de Betune pour garder la terre a Andrenople a touz cenz chevaliers. Et vindrent la ou le jourz fu pris, en une mout bele praerie près de la cité de Quipesale ; et vint l'emperere d'une part, et li marchis d'autre, et s'assemblerent a mout grant joie : et ne fu mie merveille, qu'il ne s'estoient pieça[2] veü... Lors devint li marchis om de l'empereeur Henri, et tint de lui sa terre ainsi come il avait fait l'empereeur Baudouin, son frere. Lors dona li marchis Bonifaz a Jofroi de Vilehardouin, le

---

[1] La Quipesale est la ville de Kypsella, sur la Maritza ; la Serre, dont il est parlé peu avant, est Serræ, sur le Strymon.

[2] Piece, du latin *petia*, désigne souvent un espace de temps : « grant piece », que nous rencontrons plus haut, veut dire « longtemps » ; « pieça » (= piece a) signifie « il y a quelque temps ».

mareschal de Romenie[1] et de Champaigne, la cité de Messinople a toutes ses apartenances, ou cele de la Serre (laquel qu'il ameroit mieuz); et cil en fu ses om liges, sauve la feauté l'empereeur de Coustantinoble.

Et ainsi sejournerent par deus jourz en cele praerie a mout grant joie, et dirent (puisque Dieus avoit doné qu'il pouoient venir ensemble) qu'encore pouroient il grever leur enemis. Et en prirent un parlement qu'il seroient a l'issue d'esté, eu mois d'oiteuvre, a tout leur pouoir, en la praerie de la cité d'Andrenople, pour ostoier sour le roi de Blaquie. Et ainsi despartirent mout lié et mout haitié[2] : li marchis s'en ala a Messinople, et l'emperere Henris vers Coustantinoble.

Résumé. Quelques jours après, s'étant écarté de Messinople, Boniface de Montferrat fut surpris par les Bulgares et blessé à mort. Presque tous ses compagnons l'abandonnèrent, et les ennemis, après lui avoir coupé la tête, l'envoyèrent à Johannis. Le récit de cette catastrophe termine le livre de Villehardouin (§§ 498-500).

---

[1] L'empire romain, quand on en transféra le siège à Byzance, ne changea pas de nom pour cela; il s'appela « Romanie », de même que les Grecs s'intitulaient οἱ Ῥωμαῖοι. Naturellement l'extension du mot « Romanie » varia beaucoup dans la suite des temps. Qand les Turcs eurent pris Constantinople, il s'éteignit complètement, pour revivre de nos jours avec une légère variante, et désigner le royaume moldavo-valaque.

[2] « Liez » signifie « joyeux » (latin *latus*); « haitié », d'origine sans doute germanique, veut dire « affecté moralement », et ici, « heureux, content ».

JOINVILLE

Entre la rédaction de la *Conquête de Constantinople*, par Villehardouin, et celle de l'*Histoire de saint Louis*, par Joinville, il y a l'intervalle d'un siècle. Pendant ce temps, on vit paraître des œuvres historiques de caractères très variés.

Les chroniques rimées, qui jouissaient toujours d'une grande faveur, quelle que fût leur médiocrité intrinsèque, continuèrent à se multiplier. Mentionnons, entre toutes, la *Chronique* rimée de Philippe Mouskès, qui comprend plus de trente mille vers octosyllabes, et qui commence au siège de Troie pour s'arrêter en 1243; puis la *Branche des royaux lignages*, où Guillaume Guiart raconte l'histoire des rois de France, de 1180 à 1306. Mais nous ne voulons pas nous arrêter à ces rapsodies, dépourvues de tout mérite littéraire, pas plus qu'à d'autres ouvrages du même genre, tels que la *Chronique rimée d'Angleterre*, par Pierre de Langetost, le *Roman de Mahomet*, par Alexandre du Pont, et le poème anonyme qui a pour titre *le Pas Salhadin*.

Les chroniques en prose qui paraissent pendant la même époque, ont une importance historique plus grande et une valeur littéraire plus appréciable. Il faut citer d'abord la *Chronique* de Robert de Clari, qui écrivit peu après Villehardouin, et l'*Histoire de l'empereur Henri*, par Henri de Valenciennes, qui continua le récit du maréchal de Champagne, mais en lui restant bien inférieur. Il faut aussi donner une mention particulière à la *Chronique de Reims*, non pas à cause de son exactitude historique, qui est très contestable, mais à cause de sa composition très soignée et de son style vraiment remarquable. N'oublions pas non plus les *Grandes Chroniques de Saint-Denis*, où le moine Primat avait compilé et traduit en français les chroniques latines de Saint-Benoît-sur-Loire, de Saint-Germain-des-Prés et de son propre monastère. L'ouvrage fut achevé et offert à Philippe le Hardi en 1274. Un nouveau recueil, toujours rédigé en français, fut formé, au commencement du règne de Philippe le Bel, du recueil précédent, d'une autre compilation faite par un ménestrel d'Alphonse de Poitiers, et des vies de saint Louis et de Philippe le Hardi : il était intitulé *les Grandes Chroniques de France, selon qu'elles sont conservées à Saint-Denis.*

Nous ne voulons pas insister sur des œuvres qui n'ont pas pour nous un intérêt immédiat, et nous préférons indiquer les ouvrages spécialement destinés à nous faire connaître saint Louis. Geoffroi de Beaulieu, qui avait été son confesseur pendant vingt ans, l'avait suivi dans ses deux croisades et assisté à sa mort, écrivit en latin cinquante-deux chapitres, où il racontait ses bons exemples et ses paroles édifiantes. Cet ouvrage, commencé en 1270, à la demande du pape Grégoire X, fut achevé en 1276. Au moment où il s'agit de canoniser Louis IX, plusieurs autres livres furent composés pour faire connaître ses miracles. Guillaume de Chartres en réunit soixante-cinq dans un opuscule rédigé aussi en latin. Le confesseur de la reine Marguerite, — l'histoire ne nous a pas conservé son nom, — composa aussi, à la demande de Blanche, fille de saint Louis, une biographie du pieux monarque, où l'on rencontre bien des détails intéressants. Cette vie, écrite en français, fut reproduite en latin dans les *Gesta sancta Ludovici noni,* du moine Gilles de Pontoise. Enfin Guillaume de Nangis, garde des chartes de l'abbaye de Saint-Denis, donna à son tour des *Annales,* où il reproduisait entièrement et littéralement le récit de Geoffroi de Baulieu. Rédigées d'abord en latin, traduites ensuite en français, elles entrèrent dans le texte des *Grandes Chroniques de France,* et, grâce à leur caractère officiel, furent longtemps lues de préférence à l'œuvre de Joinville. Nous verrons pour quelles causes elles sont maintenant tombées dans l'oubli, tandis que le livre du sénéchal de Champagne est toujours populaire. Il est temps d'étudier Joinville et la chronique qui l'a rendu si célèbre.

I. — SA BIOGRAPHIE.

Jean, sire de Joinville, naquit au château de Joinville-sur-Marne[1], en Champagne, le 25 décembre 1223. Il était le

---

[1] Aujourd'hui chef-lieu de canton de l'arrondissement de Vassy, dans la Haute-Marne.

second fils de Simon, sire de Joinville, et descendait d'une famille de vaillants guerriers, qui avaient longtemps guerroyé à la solde des comtes de Brienne, jusqu'au moment où ils avaient pu se tailler avec l'épée, dans les domaines de leurs voisins, un fief important. Les sires de Joinville, Geoffroi III, Geoffroi IV, Geoffroi V, et Simon, frère de ce dernier, avaient pris part aux croisades, et s'y étaient distingués par leur valeur. Geoffroi III, à cause de ses prouesses, avait été nommé sénéchal par Henri le Libéral, comte de Champagne, et Simon avait obtenu à son tour que la charge serait héréditaire dans la famille[1]. Par sa mère, Béatrix de Bourgogne, notre chroniqueur était proche parent de l'empereur Frédéric II[2].

En 1231, Jean fut fiancé à Alix, fille du comte Henri V de Grantpré et de Marie de Garlande. Sur ces entrefaites, Simon de Joinville mourut, et Béatrix recueillit, avec le titre de sénéchalle, la tutelle de son fils mineur. Elle songea alors à annuler les fiançailles de ce fils et à le marier avec la fille du comte de Bar, Henri II[3]. Mais Thibaut IV, comte suzerain de Champagne, s'y opposa : il était sur le point de partir pour la croisade, et il craignait les agissements du comte de Bar, ennemi de sa maison. En fin de compte, Jean épousa, vers 1240, Alix de Grantpré.

En attendant, il passa un certain temps à la cour de son suzerain, soit à Troyes, soit à Provins. Ce suzerain, nous l'avons dit, était Thibaut IV[4], surnommé *le Chansonnier*, à cause de son talent poétique et des œuvres lyriques qu'il

---

[1] La dignité de sénéchal était la première dans les cours seigneuriales. Le sénéchal était le lieutenant-général du seigneur, conduisait les troupes en cas de guerre, présidait les cours de justice, réglait les dépenses en temps de paix comme en temps de guerre, et enfin servait à table son suzerain.

[2] Fils de l'empereur d'Allemagne Henri VI, des Hohenstauffen, il devint roi de Sicile en 1198 sous le nom de Frédéric Ier, puis empereur d'Allemagne en 1220 sous le nom de Frédéric II, et mourut en 1250.

[3] Henri II de Bar, fils de Thibaut Ier, lui succéda en 1214, assista la même année à la bataille de Bouvines aux côtés de Philippe-Auguste, fut blessé et fait prisonnier dans un combat entre Joppé et Jérusalem, et mourut quelques jours après (1239).

[4] Henri *le Large*, ou *le Libéral*, comte de Champagne en 1152, mort en 1181, eut pour petit-fils Thibaut IV, surnommé *le Posthume*, *le Grand* ou *le Chansonnier*. (Nous avons parlé de son père, Thibaut III, à propos de Villehardouin). Né en 1201, comte de Champagne sous le nom de Thibaud IV, il devint roi de Navarre en 1234 sous le nom de Thibaut Ier.

a composées. La cour de Thibaut était fréquentée par des trouvères et par des seigneurs habiles dans l'art de bien dire. Le séjour que le sire de Joinville y fit, eut sans aucun doute une influence sur la formation de son esprit, et contribua à lui faire acquérir ces qualités littéraires que nous aurons plus tard à louer en lui. Ce fut sans doute aussi à cette cour qu'il prit le goût des études théologiques, dont il fit preuve plus tard en composant son *Credo*. N'oublions pas que ces études étaient en grande faveur à la cour de Champagne, et que Henri le Libéral avait toujours avec lui un moine de Clairvaux pour lui servir de guide en ces travaux ardus.

En 1241, Joinville accompagna son suzerain aux fêtes plénières de Saumur, données par saint Louis en l'honneur de son frère Alphonse de Poitiers[1], et à cette occasion il remplit à la table de Thibaut IV les fonctions de sénéchal. En 1243, il s'unit à son cousin, Jocerand de Brancion, et au comte de Châlons, pour repousser un parti d'Allemands qui avait envahi le Mâconnais et occupait l'abbaye de Cluny. Mais c'est en 1248 qu'il devint véritablement célèbre, par la participation qu'il prit à la septième croisade.

Il n'avait alors guère plus de vingt-quatre ans. Mais, quand il sut que saint Louis avait pris la croix, il n'hésita pas à le suivre. A la veille de Pâques, il convoqua ses parents et ses vassaux à venir fêter chez lui la naissance de son second fils. Quand, le vendredi suivant, les fêtes eurent cessé, il les rassembla en une cour de justice, et leur annonça qu'il était croisé, en leur offrant de réparer tous les torts qu'il pouvait leur avoir causés. Puis il alla chercher à Metz l'argent nécessaire à son expédition, et, pour l'obtenir, il engagea une partie de ses domaines. On a souvent mis en doute les intentions pieuses et le désintéressement de ceux qui partaient pour la croisade. Peut-être un examen attentif aurait-il prouvé qu'il en était d'eux comme de Joinville, et qu'ils faisaient de grands sacrifices, sans savoir s'ils en seraient jamais dédommagés ; qu'ils laissaient à la merci des événements leurs familles et leurs châteaux, avec la crainte de ne plus les revoir.

Joinville partit avec son cousin le comte de Sarrebrück. Il emmenait avec lui neuf chevaliers, dont deux bannerets,

---

[1] Comte de Poitiers en 1241, comte de Toulouse en 1249, mort en 1271.

et sa troupe pouvait s'élever au total à cent cinquante hommes. Il gagna Arles, et de là Marseille : au mois d'août, il abordait à l'île de Chypre, où était déjà arrivé le gros des croisés. Mais là il dut attendre que les retardaires fussent venus, et huit mois se passèrent ainsi. Joinville, qui n'avait plus que deux cent cinquante livres tournois après avoir payé le nolis de ses transports, ne pouvait faire face à toutes ses dépenses, et les chevaliers à sa solde menaçaient de l'abandonner. Saint Louis connut sa détresse, le prit à ses gages et lui donna huit cents livres, ce qui le tira de sa perplexité. A partir de ce moment, il devint l'homme-lige du roi, et il commença avec lui cette intimité qui fut l'honneur de sa vie.

Enfin, au mois de mai 1249, on fit voile pour l'Égypte, et, à la fin du mois, on arrivait devant Damiette [1]. Les Sarrasins étaient rangés en bataille sur le rivage; mais les croisés n'hésitèrent pas à les charger. Joinville se distingua dans ce premier engagement. Bien qu'il ne pût emmener avec lui ses gens, il se jeta dans une chaloupe, dépassa la galère du roi, et arriva l'un des premiers sur les Sarrasins, qui ne tardèrent pas à s'enfuir. Quelques jours après (6 juin), les croisés s'emparèrent de Damiette, où ils établirent leurs quartiers en attendant l'arrivée du comte de Poitiers. Quand, après cinq mois et demi, celui-ci eut enfin rejoint l'armée des croisés, on marcha sur Babilone [2], dont la prise devait amener la conquête de toute l'Égypte. La reine Marguerite [3] restait à Damiette avec une forte garnison pour la protéger. Il s'agissait, pour l'armée des croisés, de franchir le bras du Nil dit de Tanis [4], que défendaient les musulmans. Le 8 février, on réussit à le passer, grâce à un gué qu'un Bédouin avait indiqué. Mais cette journée, qui débuta par un succès, s'acheva de la manière la plus malheureuse. Le comte d'Artois, malgré tout ce que le roi avait pu dire auparavant, se laissa entraîner loin de ses compagnons d'armes,

---

[1] Damiette, la *Doumiât* des Arabes, sur la rive droite du Nil, à dix kilomètres de l'embouchure de l'ancienne branche Phatnitique, où était jadis le port de Tamiatis, d'où elle a tiré son nom.

[2] Voir ce que nous avons dit dans Villehardouin, p. 25, n. 3.

[3] Fille de Raymond Bérenger V, comte de Provence, épousa saint Louis en 1234 et mourut en 1295.

[4] L'Aschmoun-Tenah des Arabes.

et poursuivit les ennemis jusque dans Mansourah [1], où il périt avec nombre de chevaliers. Saint Louis faillit être pris, et ne fut dégagé qu'à grand'peine par ses gens. Quant à Joinville, il échappa trois fois à la mort, et, quand il retrouva le soir ses compagnons, il avait cinq blessures, et son cheval quinze.

Pendant le carême qui suivit, les croisés eurent à souffrir toutes sortes de maux, et particulièrement la disette et le scorbut. Ils songèrent à retourner à Damiette, et, le 5 avril, ils se mirent à remonter le Nil. Mais, arrêtés par un vent contraire, cernés par les vaisseaux ennemis, ils furent massacrés ou faits prisonniers. Le roi fut pris avec ses deux frères, le comte de Poitiers et le comte d'Anjou [2], et Joinville eut le même sort. Épuisé, tremblant de fièvre, il fut enfermé à Mansourah avec d'autres barons et vit la mort de bien près. Il y eut même un moment où il tendit la tête pour recevoir le coup fatal, en murmurant : « Ainsi mourut sainte Agnès ! » Mais tout finit par s'arranger, grâce à une rançon de huit cent mille besants, que saint Louis s'engagea à payer pour lui et son armée.

Joinville revint par mer à Saint-Jean-d'Acre [3], avec saint Louis et les autres barons croisés. Il était alors si affaibli, qu'il ne pouvait se tenir à cheval, et qu'il défaillit en prenant un bain. Il s'alita, et il n'avait d'autre distraction que d'entendre vingt fois le jour célébrer, dans une église voisine, les obsèques de ses compagnons défunts. Il guérit cependant, et continua de vivre dans l'intimité du roi, qui lui demandait ses conseils à l'occasion. Une question délicate se présentait en ce moment. Le roi devait-il retourner en France, où le réclamait sa mère, et où l'appelaient les intérêts du royaume, mis en péril par le roi d'Angleterre? Ou

---

[1] Cette ville, dont le nom signifie « la Victorieuse », est à cinquante-neuf kilomètres sud-est de Damiette. Elle avait été fondée en 1221, à la suite d'une victoire remportée par Malek Khamel sur les croisés.

[2] Charles, comte d'Anjou et du Maine en 1246, roi de Naples et de Sicile en 1266, mort en 1285. — Son frère Robert, dont il est question un peu auparavant, comte d'Artois en 1237, mort à Mansourah le 8 février 1250.

[3] Ancienne Ptolémaïs, appelée « Akka » en arabe, la ville de Saint-Jean-d'Acre avait été reconquise sur les musulmans en 1191 par Philippe-Auguste et Richard Cœur-de-Lion. Elle était, au moment de l'arrivée de saint Louis, le chef-lieu des possessions chrétiennes en Terre sainte et le quartier général des ordres militaires.

bien devait-il rester en Palestine, pour empêcher que les villes possédées encore par les chrétiens ne tombassent entre les mains des musulmans? Plusieurs se prononcèrent pour la première alternative; mais Joinville opina pour la seconde. Il n'avait pas oublié ce que lui avait dit son cousin Pierre de Bourlémont[1] : « Vous vous en allez outre-mer. Or prenez garde au retour. Car nul chevalier, pauvre ou riche, ne peut revenir qu'il ne soit honni, s'il laisse aux mains des Sarrasins le menu peuple de Notre-Seigneur, en la compagnie duquel il est allé. » Il exposa au roi les mêmes raisons, et son conseil, appuyé par la majorité des barons, fut adopté par saint Louis (juin 1250). Saint Louis resta pour racheter les chrétiens qui étaient encore en Egypte, en danger de renier leur foi, et il envoya en France ses deux frères, pour tenir en respect les ennemis du royaume. Comme les engagements du sire de Joinville étaient périmés, il le prit de nouveau à son service pour un laps de neuf mois, jusqu'à Pâques de l'année suivante, et il lui donna les deux mille livres de solde que celui-ci demandait.

Le sénéchal accompagna le roi dans toutes les villes qu'il voulait fortifier, Césarée (1251), Jaffa (1252), et enfin Sayette, l'ancienne Sidon (1253). Il n'eut guère l'occasion de guerroyer pendant tout le temps qu'il passa en Palestine. Le soudan de Damas et celui d'Égypte se faisaient la guerre, sollicitaient l'alliance de saint Louis, et ne songeaient pas d'ordinaire à inquiéter les croisés. Joinville apparait cependant dans un engagement où il s'agissait de délivrer le grand maître de Saint-Lazare[2], surpris par les Sarrasins dans une sortie qu'il avait faite pour aller fourrager. Il prit part aussi à une expédition contre la ville de Bélinas, dont la garnison avait saccagé Sayette. Mais l'entreprise ne réussit pas. Joinville se trouva même, à un certain moment, dans une position fort critique, et il ne réussit à en sortir qu'à force de courage et de sang-froid.

Il occupait ses loisirs à rédiger une explication du *Credo*,

---

[1] Les sires de Bourlémont tenaient leur titre d'un château situé en Lorraine, près de Frébécourt, aujourd'hui dans l'arrondissement de Neufchâteau (Vosges).

[2] L'ordre de Saint-Lazare, fondé au temps des croisades, confirmé officiellement par le pape en 1255, avait pour but de recevoir les pèlerins dans ses maisons, de les accompagner et de les défendre contre les musulmans.

qui nous a été conservée, et qui se trouve ordinairement à la suite de l'*Histoire de saint Louis*. Il accompagnait son royal ami quand celui-ci désirait chevaucher, ou bien il l'aidait dans l'expédition des affaires, quand on recevait au camp des messages. Il avait aussi à s'occuper de sa maison, qu'il tenait avec une certaine magnificence. Il avait toujours à sa table vingt chevaliers, auxquels se joignaient, à toutes les grandes fêtes de l'année, « les riches hommes de l'ost ». Pour suffire à toutes ces dépenses, il pratiquait une sage économie. Il nous dit lui-même qu'il faisait ses provisions au mois d'octobre, parce qu'elles renchérissaient nécessairement en hiver, quand la mer était devenue dangereuse pour les vaisseaux marchands. Ces provisions étaient d'ailleurs considérables : il achetait bien cent tonneaux de vin, et, dit-il, il faisait toujours « boire le meilleur avant ».

Cependant saint Louis songeait au retour. Il avait appris la mort de sa mère, et il sentait que sa présence était indispensable au bien et à la sécurité du royaume. Il chargea Joinville de conduire la reine et ses enfants à Tyr, où ils devaient s'embarquer. Il l'attendit à Saint-Jean-d'Acre, et il prit la mer avec lui pour retourner en France (23 avril 1254). Il accompagna le roi à Aix, puis à Beaucaire; là, il le quitta pour aller retrouver sa famille et « son beau chastel de Joinville ». A son retour, il trouva ses biens grevés de dettes et son patrimoine compromis, et il résolut de consacrer désormais sa vie à l'arrangement de ses affaires et à la protection de ses vassaux. N'oublions pas de dire qu'il avait reçu de saint Louis une rente de deux cents livres[1], et du roi de Castille, Alphonse le Sage[2], un don vraiment princier de mille marcs d'argent. D'ailleurs, il était devenu à la croisade l'ami du plus grand de nos rois : il n'avait donc pas à regretter son expédition, si malheureuse qu'elle eût été pour la chrétienté.

---

[1] Quand Joinville parle de livres, il s'agit probablement de livres tournois. La livre tournois valait environ 20 francs 26 de notre monnaie actuelle, d'après les évaluations de M. Natalis de Wailly. La livre parisis valait 25 francs 32. Enfin le besant, dont il est question plus haut, valait environ 9 francs. Nous ne parlons que de la valeur intrinsèque des monnaies. Si l'on voulait tenir compte de leur valeur relative au XIIe siècle, il faudrait multiplier cette valeur extrinsèque par cinquante, pour savoir ce que ces monnaies pourraient nous procurer aujourd'hui.

[2] Alphonse X, surnommé *le Sage*, ou *le Savant*, roi de Castille en 1252, mort en 1284.

Il n'avait alors guère plus de trente ans. Seize années devaient encore s'écouler avant que saint Louis allât mourir sur la plage de Tunis. Pendant ce temps, le sire de Joinville partagea ses moments entre le soin donné à ses vassaux, ses devoirs envers son suzerain, Thibaut de Champagne, et ses visites à Paris, à la cour de saint Louis. Il revit d'abord le roi à Soissons, puis à un parlement tenu à Paris au mois de décembre 1254, et là il négocia le mariage de Thibaut II[1] avec Isabelle, fille du pieux monarque. Celui-ci continua à l'admettre dans son intimité, quand, au pied de son lit, il se faisait rendre compte par les seigneurs « des plaids de la porte », ou quand il jugeait les plus humbles de ses sujets, accoté à un chêne du bois de Vincennes, ou assis sur un tapis dans le jardin du Palais, à Paris.

Quand saint Louis voulut entreprendre une seconde croisade, il manda auprès de lui tous ses vassaux. Personne ne mettait en doute que Joinville ne fût du nombre des croisés; mais il se récusa, disant qu'il ne voulait pas laisser sans protection ses tenanciers. Il aurait voulu aussi que le roi restât pour défendre et gouverner son royaume. Saint Louis était d'ailleurs si faible, qu'il ne pouvait ni marcher ni aller à cheval, et que, pour se rendre un jour de l'hôtel du comte d'Auxerre jusqu'aux Cordeliers, il dut se laisser porter dans les bras du bon sénéchal de Champagne. On sait l'issue malheureuse de la huitième croisade, où saint Louis trouva la mort. Joinville le pleura comme il le devait, et il n'hésita pas à déclarer coupables de péché mortel ceux qui avaient conseillé au roi une pareille expédition. Il assista au procès de canonisation de Louis IX, et ensuite à la levée du corps, qui fut faite quand la sainteté du monarque eut été reconnue officiellement par l'Eglise. Sur la fin de sa vie, il lui éleva un autel dans sa chapelle de Saint-Laurent, à Joinville.

Sous le règne de Philippe le Hardi, il continua à être apprécié et chargé de fonctions importantes. Le second fils du roi, qui devait plus tard régner sous le nom de Philippe le Bel[2], avait épousé Jeanne, fille de Henri Ier, roi de Na-

---

[1] Thibaut II, roi de Navarre (Thibaut V dans la liste des comtes de Champagne), succéda en 1253 à son père Thibaut le Chansonnier, et mourut en 1270.

[2] Philippe III *le Hardi*, succéda à saint Louis en 1270 et mourut en 1285. Philippe IV *le Bel*, qui lui succéda, avait épousé l'année précé-

varre et comte de Champagne. Quand il partit avec son père dans une expédition contre Pierre III d'Aragon, le gouvernement de la Champagne fut confié au sire de Joinville. Celui-ci présida aussi plusieurs fois les Grands-Jours de Troyes, comme ses fonctions de sénéchal lui en donnaient le droit.

Sous Philippe le Bel, il semble avoir joui d'une moins grande faveur, sans qu'on puisse savoir la cause de ce revirement de fortune. Peut-être avait-il déplu au roi dans ses rapports de vassal à suzerain immédiat ; peut-être Joinville avait-il manifesté le désir de se retirer pour prendre le repos qui était dû à sa vieillesse. Quoi qu'il en soit, la présidence des Grands-Jours lui fut retirée. Il fut choisi (1300) pour aller conduire en Allemagne Blanche, sœur de Philippe le Bel, qui venait d'être mariée, à Vaucouleurs, à Rodolphe, duc d'Autriche. Mais il ne reparut plus à la cour. Il se rendit à Lagny, où Philippe le Bel avait convoqué la noblesse de Champagne et du royaume tout entier, pour venger sur les Flamands le désastre de Courtrai (1303). Il obéit pareillement à un appel de Louis le Hutin, qui avait mandé les seigneurs français à Orchies, pour marcher de nouveau sur les Flamands (1315). Mais on ne sait s'il prit une part effective à ces deux expéditions. Ce qui est plus certain, c'est qu'il ne craignit pas de s'unir aux seigneurs champenois pour résister aux iniques exigences de Philippe le Bel, qui ne savait comment se procurer des ressources, et qui venait d'établir de nouveaux impôts. Le roi fut obligé d'en suspendre la levée, et son successeur ayant donné satisfaction aux ligues de chaque province, à celle de Champagne en particulier, tout rentra dans l'ordre.

Pendant les loisirs de sa longue et verte vieillesse, Joinville devint écrivain. Le *Credo*, qu'il avait composé en 1251, et qu'il rédigea de nouveau en 1287, ne suffirait pas pour lui mériter ce titre : s'il montre la foi vive de l'auteur, cet opuscule ne prouve pas d'une manière suffisante son mérite littéraire. Mais c'est en 1304 ou 1305 que Joinville commença à révéler son talent, en dictant à un clerc son *Histoire de saint Louis*. Il entreprit cette biographie à la demande de Jeanne de Navarre, femme de Philippe le Bel. Quand cette

dente Jeanne, fille de Henri Iᵉʳ, roi de Navarre, encore mineure, celle-là même pour qui Joinville fit son *Histoire de saint Louis*.

reine fut morte prématurément (2 avril 1305), il poursuivit l'œuvre commencée, en la destinant à Louis le Hutin, fils de l'inspiratrice. L'exemplaire offert à ce prince porte la date d'octobre 1309 : Joinville avait donc consacré quatre ou cinq ans à la rédaction de son ouvrage.

Des documents récemment publiés nous révèlent un côté piquant du caractère de Joinville. Un écrivain italien, qui visitait la France au commencement du xive siècle (1309-1313), Francesco da Barberino, rencontra Joinville, non pas à la cour de Philippe le Bel, mais à la cour rivale de Louis le Hutin, roi de Navarre avant d'être roi de France[1]. Il admira dans le sénéchal, non pas l'écrivain, — que personne ne songeait d'ailleurs à vanter dans ce moment, — mais « le dernier survivant d'une génération éteinte, le représentant le plus autorisé de ces mœurs chevaleresques et courtoises du xiiie siècle, qui tendaient de plus en plus à disparaître, et que Barberino désirait précisément remettre en honneur dans sa patrie. C'était en somme l'arbitre du bon goût et du bon usage, dans ces questions d'étiquette et de convenance que l'auteur florentin travaillait à codifier ». Barberino le consulta plus d'une fois sur des points qui nous paraissent assez puérils, celui-ci, par exemple : Lorsque deux personnes d'égale condition se trouvent placées à côté l'une de l'autre, et qu'il n'y a pas d'écuyer tranchant, laquelle des deux doit en faire l'office ? — Celle qui a le couteau à sa droite, pensait Barberino ; et Joinville le confirma dans cette opinion, en ajoutant que, pour ce motif, les bons serviteurs doivent toujours avoir le soin de placer les couteaux à main droite. L'auteur italien ajoute : « J'ai entendu dire par monseigneur Jean de Joinville qu'un seigneur trouvait plus d'honneur à laisser son écuyer servir les autres, qu'il ne pouvait trouver d'utilité à l'accaparer pour lui seul. » Et encore : « Je lui demandai un jour quelle plus grande preuve de discernement on pouvait trouver chez celui qui honore. — C'est d'honorer tout le monde, me répondit-il[2]. » Cette connaissance des usages, Joinville l'avait acquise en fréquentant les cours de France et de Champagne. En

---

[1] Louis X, surnommé *le Hutin* (mot qui signifie « querelleur »), devint roi de Navarre en 1305, à la mort de sa mère, puis roi de France en 1314, et mourut en 1316.

[2] Cf. la savante étude de M. A. Thomas, *Francesco da Barberino et la littérature provençale en Italie.* Paris, 1883.

examinant de près l'*Histoire de saint Louis,* on constate dans le sénéchal ce souci de l'étiquette qui a frappé Francesco da Barberino.

Nous n'avons aucun détail sur les derniers moments du sénéchal, et nous ne connaissons pas même d'une manière certaine la date de sa mort. Toutefois cette mort n'est pas postérieure à 1317, puisque à cette époque son fils Anseau était déjà sire de Joinville et sénéchal de Champagne [1]. La longue vie de Jean de Joinville provenait d'une robuste constitution : « J'ai appris de quelques officiers de sa terre, écrit du Cange, que ce seigneur était d'une haute taille et extraordinaire, robuste de corps, et qu'il avoit la teste d'une grosseur démesurée et au double des hommes de ce temps, et qu'elle se voit encore à présent en ce lieu, comme aussi l'os d'une de ses hanches, ce qui se rapporte à ce qu'il dit lui-même de son tempérament. »

Sa descendance masculine s'éteignit après deux générations. Marguerite, son arrière-petite-fille, épousa en troisièmes noces, Ferry de Lorraine, et, par suite de ce mariage, la seigneurie de Joinville devint la propriété des Guises. Plus tard, elle passa à la famille d'Orléans, qui possède parmi ses titres héréditaires celui de prince de Joinville. Mais, quoi qu'il advienne, le nom du sire de Joinville est assuré de ne pas périr. Comme le maréchal de Champagne, que nous avons étudié précédemment, le bon sénéchal sera toujours lu et goûté, tant qu'il y aura quelqu'un pour aimer et admirer notre vieille langue française.

II. — Histoire du livre

Quand il eut achevé la biographie de son royal ami, Joinville en fit faire une copie ; un exemplaire fut envoyé à Louis X, tandis que l'autre resta au château de Joinville. L'ouvrage eut peu de retentissement, et pendant longtemps personne n'en parla, tandis que l'on vantait des œuvres qui n'étaient pas dignes de lui être comparées. L'*Histoire de saint Louis* est citée pour la première fois par Pierre le

---

[1] Le sire de Joinville avait eu de sa première femme, Alix de Grantpré, deux fils qui étaient morts avant lui. Mais, ayant perdu celle-ci en 1260, il avait épousé Alix de Reynel, et c'est de ce second mariage qu'il eut Anseau.

Baud, qui écrivit une *Histoire de Bretagne*, et emprunta à Joinville des détails relatifs à Pierre Mauclerc. Mais cet ouvrage resta inédit jusqu'en 1638, et ne put contribuer à révéler la chronique du sire de Joinville. Elle fut tirée de l'obscurité par Pierre-Antoine de Rieux (1547), qui se servit d'un manuscrit provenant de la bibliothèque du roi René de Sicile. Pour comprendre de quelle manière ce premier éditeur entendait son devoir, il suffit de citer ses propres paroles : « Et pour ce que l'histoire estoit ung peu mal ordonnée et mise en langage assez rude, ay icelle veue, au moins mal qu'il m'a esté possible; et l'ayant polie et dressée en meilleur ordre qu'elle n'estoit auparavant, pour donner plus grand cognoissance des grandz et vertueux faictz de la très chrestienne maison de France, ay icelle voulu mettre en lumière. »

Claude Ménard donna une nouvelle édition, où il respectait le texte de l'*Histoire de saint Louis;* car, disait-il, « mesprisable en ses rides, simple en son parler, elle est belle toutes fois en sa candeur, très haute en ses préceptes... » Mais il n'avait eu à sa disposition qu'un manuscrit dénaturé, et dans son édition la pensée et le style de Joinville présentent les plus graves altérations. Du Cange en donna une à son tour, en se servant des travaux de Pierre de Rieux et de Claude Ménard (1668). Mais, avec deux versions infidèles, il n'était pas possible d'en donner une fidèle et exacte.

On ne connut vraiment la chronique de Joinville que quand le maréchal de Saxe eut apporté à Paris un manuscrit de cette chronique qu'il avait trouvé à Bruxelles. Melot et Sallier s'en servirent pour publier une nouvelle édition de l'*Histoire de saint Louis*. Capperonnier, qui acheva le travail de ces deux érudits, avait aussi à sa disposition un manuscrit découvert à Lucques par La Curne de Sainte-Palaye. L'édition parut en 1761, et servit de base à d'autres éditions, celles de Michaud et Poujoulat (1836), de Daunou et Naudet (1840), de Francisque Michel et A.-F. Didot (1859), et celle de Natalis de Wailly (1867). Cette dernière semblait définitive. Le savant médiéviste avait eu à sa disposition, outre les manuscrits de Bruxelles et de Lucques, un autre manuscrit important, appartenant à M. Brissart-Binet de Reims. Il s'était servi de tous ces manuscrits avec la sagacité qui lui était habituelle, dans le but de restituer le texte primitif. Il avait pu constater qu'ils ne présentaient que des variantes grammaticales, et qu'ils ne différaient pas pour la substance même du récit. Néanmoins il n'était pas satisfait. Il étudia avec soin la lettre adressée à Louis le Hutin, en 1315, le commentaire du *Credo*, et vingt-six chartes issues de la chancellerie du sénéchal, depuis 1238 jusqu'à sa mort. D'après ces documents, il donna son édition de 1868, qui n'a pas été dépassée depuis lors, et qui peut sembler définitive.

L'authenticité de l'*Histoire de saint Louis* a été plus d'une fois contestée. Le P. Hardouin, qui du reste ne connaissait pas l'édition de Capperonnier, prétendit que l'œuvre de Joinville avait été interpolée. Mais il fut réfuté par Bimard de la Bastie, et l'on oublia ses objections contre l'intégrité du livre. Plus récemment, le P. Cros a soutenu une thèse analogue dans la préface de sa *Vie intime de saint Louis* (1872). Il allègue que le texte des *Enseignements* de saint Louis à son fils, tels qu'on les retrouve dans Joinville, a été dénaturé. Si ce fait est probable, comme nous n'hésitons pas à l'admettre, ce serait aller trop loin d'en déduire que toute l'*Histoire de saint Louis* est dépourvue d'authenticité. Il dit encore que l'attitude du pieux monarque à l'égard du clergé et de la cour de Rome est bien conforme à celle de Philippe le Bel; qu'elle n'a pu être présentée comme telle par le bon sénéchal, et que les faits cités dans sa chronique ont dû être imaginés après coup, pour autoriser la conduite de l'indigne petit-fils de saint Louis. Mais pourquoi ces détails n'auraient-ils pas pour auteur le sire de Joinville? Rappelons-nous que, par sa mère, il était parent des Hohenstauffen, et que les traditions de famille ont pu lui donner les idées d'un Gibelin. N'oublions pas que ses ancêtres et lui-même ont eu des contestations fréquentes avec deux abbayes voisines, celle de Montier-en-Der et celle de Saint-Urbain, pour la délimitation de leurs droits respectifs. A l'égard de ce dernier monastère, le bon sire eut même recours à un procédé fort déloyal, en se procurant frauduleusement et en détruisant des titres contraires à ses prétentions. Au surplus, il écrivait à la fin du règne de Philippe le Bel, qui s'était signalé par une lutte impie contre le saint-siège. Bien que Joinville ne ménage pas les avertissements à ce monarque, il a pu se laisser gagner lui-même par les idées qui régnaient à la cour. Jusqu'à nouvel ordre, nous admettrons donc l'authenticité de sa chronique, dont nous allons étudier les défauts et les qualités, afin d'en bien préciser le mérite.

III. — Joinville historien et écrivain

Nous nous proposons de considérer dans Joinville l'historien et l'écrivain, d'examiner quelle est l'autorité de son témoignage, comment il a vu les événements et comment il les a racontés.

Au sujet des faits qu'il relate, voici ce qu'il nous dit lui-même à la fin de son livre : « Je fais savoir à tous que j'ai mis ici une grande partie des faits de notre saint roi devant dits, que j'ai vus et ouïs, et une grande partie de ses faits qui sont dans un roman (c'est-à-dire une œuvre en langue vulgaire), lesquels j'ai fait écrire en ce livre. Et je vous recorde ces choses, pour que ceux qui entendront lire ce livre, croient fermement en ce que le livre dit que j'ai vu et ouï ; et les autres choses qui y sont écrites, je ne vous témoigne pas qu'elles soient vraies, parce que je ne les ai ni vues ni ouïes. » (§ 768). Ainsi donc, d'après le chroniqueur, il faut distinguer dans son œuvre deux sortes de faits : ceux qu'il a connus par le témoignage d'autrui, et ceux dont il a été le témoin.

Les premiers ont été puisés surtout, comme il le dit lui-même, dans un ouvrage en langue vulgaire. Cet ouvrage n'était vraisemblablement autre que les *Grandes Chroniques de France*, dont nous avons déjà parlé. Ce qu'elles racontent de saint Louis avait été, avons-nous dit, rédigé par Guillaume de Nangis, d'après Geoffroi de Beaulieu et d'autres auteurs moins importants. Or plusieurs chapitres de Joinville sont la reproduction presque textuelle du récit de ces deux écrivains. Mais, comme Geoffroi de Beaulieu avait écrit en latin, il est à croire que le roman qui a servi au chroniqueur est la version française de Guillaume de Nangis, ou une autre version également française, insérée dans les *Grandes Chroniques*. L'Établissement général reproduit au chapitre CXL avait pu être emprunté au recueil officiel des *Ordonnances royales*. Ces sources historiques ont une valeur incontestée, et personne n'en a suspecté l'autorité.

Il faut faire une exception pour les *Enseignements* de saint Louis à son fils, qui sont reproduits au chapitre CXLV, et dont l'authenticité a été fort controversée. Il n'est pas douteux que le pieux monarque n'ait lui-même rédigé le texte de ces *Enseignements :* Geoffroi de Beaulieu, qui nous atteste le fait, raconte qu'il a traduit ce texte en latin, tout en l'abrégeant. Le Confesseur de la reine Marguerite a de nouveau traduit en français cette traduction latine. Or le texte publié par Joinville, d'après les *Grandes Chroniques*, est plus développé que les deux précédents. En outre, on n'y retrouve pas le passage où saint Louis recommande à son fils la dévotion à l'Église et au pape. Ce texte est-il la version authentique des *Enseignements*, ou a-t-il été altéré? M. Natalis de Wailly tient pour la première opinion. M. Paul Viollet et le P. Cros défendent la seconde, et peut-être ont-ils raison [1].

Joinville n'a pas seulement consulté des documents écrits : il s'est servi encore de témoignages oraux pour rédiger la vie de saint Louis. Parmi ces témoignages, il en est dont l'autorité est inattaquable : celui, par exemple, de Pierre d'Alençon [2], fils du saint roi, qui avait assisté à la huitième croisade et à la mort de son père. D'autres sont plus contestables : Joinville a été mal renseigné, par exemple, sur la guerre qui avait eu lieu, en 1230, entre le comte de Champagne et les barons français, révoltés contre la reine Blanche. Sur ce point et sur plusieurs autres, le récit de Joinville doit être rectifié d'après les chroniqueurs contemporains.

D'ailleurs, la plus grande partie de son récit se compose de faits dont il a été le témoin, et c'est principalement sur ces faits que nous avons à le juger. Il n'y a pas à douter qu'il ne soit sincère, tant son récit montre de la candeur et de la bonne foi. S'il raconte quelque chose, c'est qu'il croit que cela s'est ainsi passé. Mais il n'a pas toujours été bien servi par sa mémoire, et il s'en est suivi des inexactitudes qui ont été relevées dans maint passage de sa chronique. Ainsi il nous dit que la flotte des croisés arriva devant Damiette le jeudi après la Pentecôte, et ce fut le vendredi après la Trinité. Il nous donne à entendre que les croisés débarquèrent sans éprouver une grande résistance de la part des Sarrasins, et qu'ils entrèrent dans Damiette après des escarmouches de peu d'importance. Or ils eurent à soutenir sur mer un terrible combat, et ils n'entrèrent à Da-

---

[1] Pour cette controverse, cf. Mémoires de M. Natalis de Wailly (*Bibliothèque de l'École des Chartes*, t. XXXIII et XXXV); deux mémoires de M. Paul Viollet (dans la même revue, t. XXIX et XXXV); le P. Cros, *les vrais Enseignements du roi saint Louis*.

[2] Pierre, cinquième fils de saint Louis, comte d'Alençon en 1269, mort à Palerme en 1283.

miette que le troisième jour après le débarquement. Il raconte encore que, dans le conseil où l'on discuta le retour immédiat en France, il fut seul, avec le comte de Jaffa, à suggérer au roi de rester. Or le contraire est attesté par Jehan Sarrazin, un des chambellans de saint Louis, et par une lettre que le monarque écrivit aux prélats et aux barons de son royaume. Parfois aussi il établit des rapprochements entre des faits qui n'ont aucune connexion. Il dit que la ville de Bagdad était déjà prise par les Tartares, quand lui-même se trouvait à Sidon, c'est-à-dire en 1253. Or Bagdad ne tomba en leur pouvoir que cinq ans après. Mais, comme il racontait ces événements soixante ans environ après qu'ils étaient arrivés, il ne faut pas trop s'étonner que ses souvenirs l'aient trompé, ni suspecter sa bonne foi, qui est évidente.

Il ne faut pas non plus lui en vouloir de n'avoir vu dans les faits historiques que le détail, et de n'avoir pas su en embrasser l'ensemble. A la différence de Villehardouin, dont le coup d'œil est vaste et sûr, Joinville ne saisit que les particularités d'un grand événement, sans discerner les relations qu'elles peuvent avoir. S'agit-il de décrire, par exemple, la bataille de Mansourah, il donne de l'importance à des faits qui n'en ont aucune ; il omet aussi des incidents qui ont eu peut-être une influence décisive sur le sort du combat ; enfin il ne sait nous montrer ni les positions respectives, ni les mouvements des deux armées. Il en est de même de l'expédition contre Bélinas, bien que l'affaire soit moins compliquée qu'à Mansourah ; nous ne comprenons pas comment Joinville a pu opérer heureusement sa retraite. Il est pareillement impuissant à discerner les causes des événements et à exposer les détails d'une négociation. En un mot, si Villehardouin est déjà, par certains côtés, un historien, Joinville est et reste toujours un chroniqueur.

Cette manière de voir les choses a influé sur la composition de son livre, qui n'a pas de plan. Joinville s'est bien proposé d'en suivre un, comme il nous en avertit dès le début : « La première partie, nous dit-il, raconte comment il (c'est-à-dire saint Louis) se gouverna toute sa vie selon Dieu et selon l'Église et au profit de son royaume. La seconde partie du livre parle de ses grandes prouesses et de ses grands faits d'armes. » Mais il n'a pu remplir ce plan comme il se l'était proposé. Avant d'avoir épuisé le premier sujet, il passe au second ; s'en étant aperçu vers la fin de son livre, il revient à ce premier sujet. Ce n'est pas tout. Il aime tant à conter tout ce qui lui paraît intéressant, qu'il s'égare en mille détours. Il voulait glorifier saint Louis, et voilà qu'il oublie son héros pour parler de lui-même. Un nom lui revient en mémoire dans le cours de son récit, et, à propos de ce nom, il se laisse aller à une nouvelle digression. Il arrive en Égypte : c'est une occasion pour lui de rappeler les merveilleuses choses que l'on dit du Nil. Il marche sur Mansourah : nouvelle occasion de causer des Bédouins et de leurs mœurs. Il est à Saint-Jean-d'Acre, où les envoyés du Vieux de la Montagne viennent trouver saint Louis ; il s'empare de ce fait pour nous raconter ce qu'il sait de la secte des Assassins [1]. Il nous dit que Frère Yves le Breton fut envoyé avec d'autres ambassadeurs pour porter une réponse au sultan de Damas. Au lieu de nous faire connaître sans délai l'objet de cette ambassade, il parle d'abord d'une vieille femme dont le cœur était embrasé de la plus ardente charité ; puis de Jean l'Ermin, artilleur du roi, qui alla aussi à Damas acheter des cornes et de la glu pour faire des arbalètes. Une nouvelle anecdote lui revient en mémoire, et il n'a garde de la négliger. Il rappelle encore un mot que lui dit Jean l'Ermin, un jour qu'il le rencontra en se rendant à Paris. Après de nouvelles digressions, le bon chroniqueur s'aperçoit qu'il n'est plus au fait, et il y revient de la manière la plus simple : « Je vous avais oublié à dire la réponse que le roi fit au soudan de Damas, et qui fut telle. »

En procédant ainsi, un auteur est exposé à se répéter. Nous ne devons donc pas nous étonner de trouver bien des redites dans l'*Histoire de saint Louis*. Nous lisons, par exemple, dans deux endroits différents : la mention que jamais le roi ne nomma le diable (§§ 22 et 687) ; le dialogue où saint Louis exhorte le sénéchal à laver les pieds des pauvres (§§ 29 et 688); l'histoire de l'évêque Gui d'Auxerre (§§ 61 et 670); le sermon du cordelier Hugues de Digne (§§ 55 et 657); l'anecdote sur le roi Richard, qui était devenu un épouvantail pour les enfants des Sarrasins (§§ 77 et 558);

---

[1] Joinville les appelle « Assacis » : le mot « assassin » nous est venu d'une forme italienne. Il paraît que les Assassins étaient des fumeurs de haschisch, d'où leur nom. Leur chef résidait sur un rocher d'Alamdut, en Perse : le nom de « Vieux de la Montagne » remontait au conquérant Haçan-ben-Saboth, mort en 1124.

la description de la chapelle que le roi de France envoya au roi des Tartares (§§ 134 et 471); le récit des quatre circonstances où saint Louis exposa sa vie pour le bien de son peuple (§ 2 et passim); l'énumération des ordres religieux qu'il favorisa dans son royaume (§§ 691 et 727).

Ce n'est pas tout encore. En dictant, Joinville n'est pas toujours complètement maître de sa pensée, et il fait des raisonnements qui ne sont pas d'une rigoureuse logique. Ainsi, pour prouver que Henri le Libéral, comte de Champagne, *fut large avec le siècle aussi bien qu'avec Dieu,* il cite un fait qui démontrerait plutôt le contraire Car le comte, au lieu de faire l'aumône à un pauvre chevalier qui la lui demandait, imposa cette charge au bourgeois Artaud de Nogent (§ 90).

Voilà des défauts bien sérieux dans l'*Histoire de saint Louis*. Mais on n'y prend presque pas garde, tant on trouve de charme à la lecture de ce livre, et tant on sympathise avec le bon chroniqueur. Essayons d'analyser et de résumer brièvement les causes de ce charme et de cette sympathie. Joinville se distingue avant tout par une imagination vive, qui lui fait voir le côté pittoresque des choses, et qui lui permet de les peindre avec une précision de contours et une fraîcheur de coloris que nos plus célèbres critiques ne se lassaient pas d'admirer. « On dirait, — c'est l'expression même de M. Villemain —, que les objets sont nés dans le monde le jour où il les a vus. » De son côté, Sainte-Beuve caractérise ainsi la pensée et le style du chroniqueur : « Le souffle matinal y a passé. » Et il ajoute : « Joinville a la plus jeune fraîcheur; il a le χλωρόν des Grecs : *novitas tum florida mundi.* » S'il ne sait pas ordonner un récit historique, il est passé maître dans l'art de l'anecdote. S'il ne peut peindre une bataille à la Van der Meulen, il excelle dans les tableaux de genre. Nous nous plaisons à ces détails piquants, qui nous donnent du XIIIe siècle une connaissance vive et familière, mieux que ne pourrait le faire un récit sobre et austère comme celui de Villehardouin.

Parmi les descriptions qui sont les plus connues, nous citerons celle qui nous montre l'arrivée du comte de Jaffa devant Damiette : « Ce fut, dit Joinville, celui qui le plus noblement aborda; car sa galère aborda toute peinte, dedans la mer et dehors, d'écussons à ses armes, lesquelles armes sont d'or à une croix de gueules pattée. Il avait bien trois cents rameurs dans sa galère, et chacun de ses rameurs avait une targe à ses armes, et chaque targe avait un pennon à ses armes en or appliqué. Pendant qu'ils venaient, il semblait que la galère volât, par les rameurs qui la poussaient avec leurs avirons, et il semblait que la foudre tombât des cieux, au bruit que les pennons menaient, et que les nacaires, les tambours et les cors sarrazinois menaient, qui étaient dans sa galère. Et sitôt que la galère fut avancée dans le sable aussi avant qu'on l'y put mener, lui et ses chevaliers sautèrent de la galère très bien armés et très bien attirés, et ils vinrent se ranger à côté de nous » (§ 158). Nous ne voulons pas non plus oublier le passage où il nous montre saint Louis à la bataille de Mansourah : « Comme j'étais à pied avec mes chevaliers, le roi vint avec son corps de bataille à grand bruit et à grand fracas de trompes et de nacaires ; et il s'arrêta sur un chemin en chaussée. Jamais je ne vis si bel homme armé, car il paraissait au-dessus de tous ses gens, les dépassant des épaules, un heaume doré sur la tête, une épée d'Allemagne en la main. » Voilà le saint Louis guerrier ; voici maintenant le justicier : « Je vis quelquefois en été que pour expédier ses gens, il venait dans le jardin de Paris, vêtu d'une cotte de camelot et d'un surcot de tiretaine sans manches, un manteau de taffetas noir autour de son cou, très bien peigné et sans coiffe, et un chapeau de paon blanc sur sa tête. Et il faisait étendre des tapis pour nous asseoir autour de lui ; et tout le peuple qui avait affaire par-devant lui se tenait autour de lui debout. Et alors il les faisait expédier de la même manière que je vous ai dite avant pour le bois de Vincennes » (§ 60). Il faudrait aussi rapporter, si l'espace nous le permettait, la scène où Joinville raconte comment il conseilla à saint Louis de ne pas abandonner la Palestine, et comment, au moment où il était seul, craignant d'avoir déplu au roi, celui-ci vint le trouver (§§ 411, et sqq.).

Son imagination, qui sait si bien colorer les récits, se manifeste encore dans les comparaisons toujours expressives qu'elle lui suggère. Voici celle qu'il emploie pour parler de la munificence de saint Louis à l'égard des ordres religieux : « Et ainsi que l'écrivain qui a fait son livre et qui l'enlumine d'or et d'azur, ledit roi enlumina son royaume de belles abbayes qu'il y fit, et de la grande quantité de maisons-Dieu et de maisons des Prêcheurs, des Cordeliers et des autres religions qui sont ci-devant nommées. » (§ 758).

Il semble que cette comparaison ait été cherchée et préparée avec art. Les autres paraissent plus spontanées, et n'en sont pas moins expressives. Quand les Sarrasins abandonnèrent Damiette, ils mirent le feu au bazar, où se trouvaient entassées toutes sortes de marchandises qu'ils ne pouvaient emporter : « Il advint de cette chose, dit le chroniqueur, comme si quelqu'un avait mis le feu (dont Dieu le garde) au Petit-Pont de Paris ! » En parlant des croisés atteints du scorbut, et auxquels des barbiers coupaient la chair morte autour des gencives, il dit encore : « Grande pitié était d'entendre crier au milieu de l'armée les gens auxquels on coupait la chair morte, car ils criaient comme des femmes qui sont en travail d'enfant. » (§ 303). Ailleurs, il se sert d'une autre comparaison très heureuse, qu'il avait, du reste, empruntée à saint Louis : il dit que Geoffroi de Sargines défendait le roi des Sarrasins, « comme un bon valet qui défend des mouches le hanap de son seigneur. » Ou bien, s'il veut parler de certains jongleurs arméniens qui avaient joué du cor devant lui, il emploie cette gracieuse image : « Vous eussiez dit que ce sont les voix des cygnes qui partent de l'étang » (§ 525).

Mais ce qui nous fait aimer le sire de Joinville, ce n'est pas seulement son style expressif et coloré : c'est encore son évidente sincérité. Peut-être a-t-il parfois arrangé les faits de manière à se faire mieux valoir. Nous avons déjà dit qu'il s'est donné un trop beau rôle en racontant cette délibération où le roi le consulta pour savoir s'il devait retourner en France. Mais, pour l'ordinaire, il est évident, à la manière dont il raconte les faits, qu'il les donne tels qu'il les a vus ou qu'il se rappelle les avoir vus. Il se montre lui-même tout entier, sans chercher à cacher ses défauts ou à se donner des vertus qu'il n'a pas. Dans ses conversations avec saint Louis, il affirme hardiment qu'il ne veut pas laver les pieds aux pauvres. Il avoue qu'il avait peur au moment du combat, et cela, avec la même candeur que Villehardouin. Il nous parle du feu grégeois, et il nous dit que, quand il le voyait arriver sur les croisés, il imitait ses compagnons, et se mettait « sur ses coudes et sur ses genoux ». En nous racontant dans quelles circonstances il est tombé au pouvoir des Sarrasins, il ajoute sans hésiter : « Et lors, pour la peur que j'avais, je commençai à trembler bien fort, et pour la maladie aussi » (§ 374). Mais pas plus qu'à Villehardouin la peur ne lui fait commettre un acte de lâcheté. Les gens de Pierre de Courtenay, commis à la garde d'un chat-château, voient qu'il va être consumé par le terrible feu grégeois. Ils appellent à leur aide le sire de Joinville, et celui-ci n'hésite pas, bien que ce feu fût *comme une grande haie*, et qu'une troupe de Sarrasins lui lançât une grêle de traits de l'autre côté du fleuve (§ 208). Il remarque qu'un ponceau, jeté sur un bras du Nil, est d'une grande importance pour le résultat décisif de la bataille de Mansourah, et que le salut du roi et de l'armée en dépend. Il n'hésite pas à se placer à l'entrée de ce pont, et il défend ce poste périlleux jusqu'au départ des Turcs (§ 255). Quand il s'agit de renier sa foi ou de périr, il ne se consulte même pas. Enfin, il est impossible de le trouver en défaut toutes les fois qu'il s'agit de remplir son devoir en affrontant un danger.

La sincérité du sénéchal ne va pas sans une certaine naïveté : son récit est parsemé de faits qui révèlent sa candeur. Il nous dit que dans un certain moment les croisés étaient menacés d'une mort prochaine, et que, dans cette prévision, ils se confessaient même à des laïques. Joinville, qui n'avait rien sur la conscience, entendit la confession de Gui d'Ibelin, connétable de Chypre, et lui dit à la fin : « Je vous absous avec tel pouvoir que Dieu m'a donné. Mais quand je me levai de là, continue le bon sénéchal, il ne me souvint plus de chose qu'il m'eût dite ni racontée » (§ 355). Saint Louis lui demande pourquoi il ne met pas d'eau dans son vin. Il lui répond sans détour que la cause en était aux physiciens, c'est-à-dire aux médecins, qui lui avaient dit qu'il avait une grosse tête et une froide fourcelle (estomac), et qu'il n'avait pouvoir de s'enivrer (§ 23). Nous ne pouvons non plus nous empêcher de sourire, quand nous le voyons si émerveillé devant un poisson fossile que le roi lui a donné (§ 602).

Mais cette naïveté n'empêche pas une certaine malice dans Joinville : il n'est pas Champenois pour rien. Quand Robert de Sorbon lui reproche d'être mieux vêtu que le roi, il sait lui répondre à propos (§ 36). Appelé par la reine Marguerite, pour la réconforter après la mort de Blanche de Castille, il ne cherche point des paroles de condoléance : « Quand je vins là, je trouvai qu'elle pleurait, et je lui dis que celui-là dit vrai qui dit que l'on ne doit pas croire les femmes : car c'était la femme que vous haïssiez le plus qui est morte, et vous en menez un tel deuil ! » (§ 605). Une nuit qu'il était sur le point de se noyer, car le vaisseau avait touché un récif, un de ses chevaliers lui apporta un surcot fourré, de peur qu'il ne prit froid : « Qu'ai-je à faire de votre surcot, répondit-il, que vous m'apportez quand nous nous noyons ? » (§ 620). Citons encore cette repartie. Comme Joinville avait soutenu les intérêts des Poulains[1], c'est-à-dire des chrétiens métis de la Palestine, en conseillant de ne pas abandonner ce pays, des plaisants avaient imaginé de l'appeler « poulain ». Mais il leur répondit fort bien *qu'il aimait mieux être poulain que roussin fourbu, comme ils l'étaient eux-mêmes* (§ 434).

D'ailleurs, cette malice ne ressemble jamais à la méchanceté. Il ne voudrait pas entacher la mémoire de quelqu'un en révélant ses faiblesses. Il raconte qu'à la bataille de Mansourah, *il y eut bien des gens, et de grand air,* qui passèrent à côté de lui *en fuyant à grand effroi,* et qu'il ne put retenir : « J'en nommerais bien, ajoute-t-il, desquels je me garderai bien de parler : car ils sont morts » (§ 246). S'il répugne à laver les pieds aux pauvres, il n'omet pas de les soulager, et il s'émeut à la vue du malheur. Un jour qu'il donne un grand dîner, il voit arriver un chevalier qui n'a rien pour se sustenter, avec sa femme et ses quatre enfants. Il les fait dîner ; puis, s'adressant *aux riches hommes* qui étaient là, il leur dit : « Faisons une grande aumône, et déchargeons ce pauvre homme de ses enfants : que chacun prenne le sien, et j'en prendrai un » (§ 595).

De plus, il montre une sensibilité discrète et contenue dans plusieurs endroits de son livre. En cela il ressemble à nos vieux auteurs, qui n'analysaient jamais leurs sentiments, et ne les décrivaient pas comme pourrait le faire un auteur de nos jours. Lisons, par exemple, le mystère qui nous représente la fille du roi de Hongrie condamnée à être brûlée vive avec son enfant. Elle dit deux petits vers sur « cette douce rosée, qui est un si pur innocent », et c'est tout. Ouvrons un fabliau : il en sera de même. Un chevalier qui a été condamné à remplir un *barizel* à cause de ses péchés,

---

[1] Les Latins qui étaient restés en Palestine avaient contracté des mariages avec la population grecque. De ces mariages étaient issus ceux que l'on nommait, avec un certain dédain, « les Poulains ». L'étymologie de ce nom est restée incertaine.

et qui le fait en versant une larme de repentir, vient mourir auprès d'un ermite, et lui demande :

> Très dous pere, a Dieu vous commant.
> Mais en la fin vous di-jou tant
> Que vous metés vos bras sour mi :
> Si mourrai es bras mon ami.

Joinville éprouve la même attention délicate et pleine de réserve. Il vient de quitter pour longtemps son château de Joinville, et il accomplit différents pèlerinages avant de partir pour la Terre sainte. Et alors, raconte-t-il, « pendant que j'allais à Blécourt et à Saint-Urbain, je ne voulus jamais retourner mes yeux vers Joinville, de peur que le cœur ne m'attendrît du beau chastel que je laissais, et de mes deux enfants » (§ 121). Voici comment il raconte la mort d'un de ses chapelains, qui chantait la messe devant lui dans son pavillon : « Or il advint qu'à la consécration il se pâma. Quand je vis qu'il allait tomber, moi qui avais ma cotte, je sautai de mon lit sans chausses, et je le pris à bras, et lui dis qu'il fît tout à loisir et tout bellement sa consécration ; que je ne le laisserais pas tant qu'il l'aurait toute faite. Il revint à lui et fit sa consécration, et acheva de chanter la messe bien entièrement, et jamais depuis il ne la chanta » (§ 300). Ailleurs, le roi demande des nouvelles du comte d'Artois à un prévôt de l'Hôpital : « Et il lui dit qu'il en savait bien des nouvelles, car il était certain que le comte était en Paradis... Et le roi lui répondit que Dieu fût adoré de tout ce qu'il donnait ; et alors les larmes lui tombaient des yeux bien grosses » (§ 244).

Ce qui nous fait aimer aussi Joinville, c'est la foi vive qu'il manifeste dans tout son récit. Un critique dont la science n'égalait pas la verve, a osé dire qu'il avait « une dévotion tempérée par un scepticisme à peine voilé ». Pour découvrir dans notre chroniqueur un tel scepticisme, il faut le regard d'un esprit prévenu. Laissons de côté le *Credo*, composé par le sénéchal pour défendre la foi et l'expliquer aux plus ignorants. Il nous suffit de parcourir l'*Histoire de saint Louis* pour trouver à chaque page l'expression d'une foi ferme, agissante, communicative et simple comme celle des foules au XIIIe siècle. N'est-ce pas Joinville qui nous dit que nous devons croire sans discuter, et ne jamais aller à l'encontre de notre foi, pour mort ni pour malheur qui puisse advenir à notre corps? (§ 43). Ne prend-il pas la peine de nous montrer le mérite de notre foi, en citant un trait du comte de Montfort, qui refusa d'aller voir Jésus-Christ se manifestant miraculeusement dans la sainte Eucharistie? (§ 50). Pendant sa captivité chez les Sarrasins, il cherche à convertir un renégat en lui parlant avec force des peines de l'enfer (§ 396). Sans doute, sa foi n'est pas assez vive pour le pousser au-devant du martyre, comme son cellerier le lui conseillait, ou pour le prosterner à genoux devant un lépreux, comme c'était le cas pour le roi d'Angleterre (§§ 319 et 688). Elle l'inspire cependant dans l'ensemble de sa vie. Quand il s'embarque pour la Palestine, il fait cette réflexion qu'il faut être fou pour monter sur un vaisseau si l'on est en état de péché mortel, car on ne sait pas si le lendemain on ne sera pas au fond de la mer (§ 127). Un jour qu'il a violé l'abstinence du vendredi sans y prendre garde, il se condamne à expier cette faute involontaire en jeûnant au pain et à l'eau tous les vendredis de carême (§ 327). Il a toujours avec lui deux chapelains qui lui disent ses heures, et qui chantent la messe devant lui et ensuite devant ses gens (§ 501). Ces traits ne sont pas d'un sceptique, et il faudrait déchirer la majeure partie de son livre pour empêcher de voir dans Joinville un vrai croyant.

Ce que nous aimons enfin en lui, c'est son attachement pour saint Louis, c'est sa préoccupation de faire ressortir les vertus du pieux monarque, préoccupation qui fait l'unité de son livre, malgré les digressions et les incidents dont il est parsemé. Certes, l'attachement du bon sénéchal pour son suzerain n'est pas aveugle. A l'occasion, il ne lui épargne pas le blâme ni les conseils. Il estime qu'il néglige bien sa femme et ses enfants (§ 594), et il semble lui reprocher une trop grande vivacité (§ 500). Mais il est trop avisé pour ne pas voir que, malgré cela, Louis IX est admirable, et il nous fait partager son admiration. Il ne peut se lasser de raconter les traits de sa vie, et tous ces traits finissent par composer une figure idéale, que sans Joinville nous n'aurions connue qu'imparfaitement. D'autres écrivains ont retracé les vertus et les miracles du saint roi. Ils nous ont parlé de sa foi vive, de sa tendre piété, et de cette dévotion ardente qui le poussait à entreprendre tout ce qui est du service de Dieu. Mais il est des côtés qui rendent le pieux monarque encore plus aimable, et que le chroniqueur a éclairés pour nous. Saint Louis, tel que Joinville nous le montre, ne repoussait pas les délassements et savait plaisanter à propos : « Il disait que c'était mauvaise chose de prendre le bien d'autrui ; car rendre était si dur, que, même à le prononcer, ce mot écorchait la gorge par les *r* qui y sont » (§ 33). C'est surtout pendant et après les repas qu'il admettait volontiers la récréation : « Quand les ménétriers des riches hommes entraient et apportaient leurs vielles après le repas, il attendait pour ouïr ses grâces que le ménétrier eût fini son chant; alors il se levait, et les prêtres se tenaient debout devant lui, pour lui dire ses grâces. Quand nous étions privéement à à sa cour, il s'asseyait au pied de son lit, et quand les Prêcheurs et les Cordeliers qui étaient là lui parlaient d'un livre qu'il dût ouïr volontiers, il leur disait : « Vous ne me lirez pas, car il n'est si bon livre après le repas que quolibets, c'est-à-dire que chacun dise ce qu'il veut. » Quand quelques riches hommes venaient avec lui, il leur tenait bonne compagnie » (§ 668). Il acceptait avec la même simplicité les observations qu'on lui faisait sur sa conduite. Il s'était arrêté à Hyères pour se procurer des chevaux, quand l'abbé de Cluny lui fit présent de deux palefrois, en lui demandant une audience. « Quand l'abbé fut parti, ajoute Joinville, je vins au roi et je lui dis : « Je veux vous demander, s'il vous « plaît, si vous avez ouï plus débonnairement l'abbé de Cluny, « parce qu'il vous donna hier ces deux palefrois. » Le roi pensa longuement et me dit : « Vraiment oui » (§ 655). Le trait suivant montre bien une piété éclairée, qui savait se prêter aux exigences du monde. « On se doit parer, disait saint Louis, en vêtements et en armures de telle manière que les prud'hommes de ce siècle ne disent pas qu'on en fait trop, ni les jeunes gens de ce siècle, qu'on en fait trop peu » (§ 38). Nous devons donc remercier le chroniqueur de nous avoir montré dans son auguste ami les vertus aimables dont saint François de Sales est le parfait modèle.

Joinville n'a pas pu apprécier l'administration de saint Louis comme on l'a fait de nos jours. Le regard du chroniqueur n'était pas assez élevé ni assez étendu pour voir tout ce qu'elle avait de sage et d'extraordinaire pour le temps. Toutefois il a senti que ce souverain incomparable avait la plus belle des vertus qui puissent orner un roi, c'est-à-dire un profond amour pour son peuple. Saint Louis ne voulut pas charger ses sujets d'impôts (§ 105) ; il leur rendait lui-même la justice, et se laissait approcher d'eux familièrement. Enfin, quand il s'agissait de leur bien, rien ne lui coûtait, et il se mit quatre fois *en péril de mort pour épargner le dommage de son peuple* (§ 6).

Mais c'est par-dessus tout le guerrier que Joinville, en vrai chevalier qu'il était lui-même, nous montre sous des traits ineffaçables. Les qualités d'un capitaine sont le courage dans la lutte, le sang-froid dans les périls, la patience dans les adversités. Saint Louis possédait ces trois qualités au plus haut degré. A Taillebourg, il n'hésita pas à passer sur un pont de pierre très étroit pour attaquer les Anglais, et il le fit avec une telle impétuosité, qu'une fois arrivé devant les ennemis, il n'avait pu être suivi que d'une poignée d'hommes. Mais son élan était tel, que l'armée anglaise courut s'enfermer à Saintes (§ 101). Arrivé devant Damiette, il montra la même intrépidité. Les Sarrasins l'attendaient sur le rivage. Mais il apprit que l'enseigne de Saint-Denis était à terre, et alors personne, pas même le légat, ne put le retenir. « Il sauta dans la mer, où il fut dans l'eau jusqu'aux aisselles. Et il alla, l'écu au col et le heaume en tête, et la lance en main, jusqu'à ses gens qui étaient sur la rive. Quand il vint à terre et qu'il aperçut les Sarrasins, il demanda quelles gens c'étaient ; et on lui dit que c'étaient des Sarrasins ; et il mit la lance sous son aisselle et l'écu devant lui, et il eût couru sus aux Sarrasins, si ses prud'hommes, qui étaient avec lui, l'eussent souffert » (§ 162). Partout c'est la même intrépidité. Quand les revers arrivent, la patience de saint Louis n'est pas moins admirable : il subit la défaite, la captivité, la maladie, avec le même courage qu'il apportait dans les combats. Au milieu des périls et des menaces, son sang-froid ne l'abandonne jamais ; il arrive à imposer le respect à ses sauvages ennemis par une égalité d'âme qui leur paraît surhumaine.

En résumé, si nous aimons dans Joinville l'art de peindre avec les mots, la sincérité du caractère, la malice tempérée d'émotion propre aux Champenois ; si nous lui pardonnons de n'être pas proprement un écrivain, parce que nous admirons en lui le plus aimable des causeurs ; il est surtout un mérite dont nous lui serons toujours reconnaissants : il nous a fait connaître plus parfaitement, et par conséquent il nous a fait mieux aimer saint Louis.

EXTRAITS DE JOINVILLE

I. — Début du livre (§§ 1-6).

A son bon seigneur Loueïs, fil[1] deu roi de France, par la grace de Dieu roi de Navarre, de Champaigne et de Brie conte palazin[2], Jehans, sires de Joinvile, ses seneschaus[3] de Champaigne, salut et amour et oneur, et son servise apareillié[4].

Chiers sires, je vous fais a savoir que madame la reïne vostre mere, qui mout m'amoit (a cui Dieus bone merci face!)[5], me pria si a certes[6] come ele peut que je li feïsse faire un livre des saintes paroles et des bons fais[7] nostre roi saint Loueïs; et je li oi en convenant[8], et a l'aide de Dieu li livres est assouvis[9] en deus parties. La pre-

---

[1] Cas régime singulier, n'a pas d's, conformément à l'étymologie.
[2] Les comtes palazins, à la cour de France, rendaient la justice à la place du roi, pour toutes les causes qui lui étaient dévolues, au criminel comme au civil. Louis le Hutin était comte palazin de Champagne par sa mère Jeanne de Navarre, comme nous l'avons expliqué.
[3] Cas sujet singulier : nous dirions maintenant « son sénéchal », bien que cette expression soit au cas régime. Nous pourrons constater, dans tous les textes empruntés à Joinville, une déclinaison plus régulière encore que dans Villehardouin. Un certain nombre de substantifs qui n'avaient pas une s étymologique au cas sujet singulier, en ont pris une sous l'influence de l'analogie : « freres, peres, sires, empereres ».
[4] « Et son service préparé. » Cette formule signifie que l'on est tout à la disposition de quelqu'un.
[5] Formule souvent employée quand il s'agit d'un mort.
[6] « Avec instance. »
[7] Le rapport de possession marqué aujourd'hui par « de » est souvent exprimé dans Joinville par la position du substantif régi après le substantif régisseur, sans l'intermédiaire d'une préposition. Le possesseur est toujours, dans ce cas, un nom de personne au singulier.
[8] « Je le lui eus en convention », c'est-à-dire « je le lui accordai. » « A l'aide, » c'est-à-dire « avec l'aide. »
[9] « Achevé. »

miere partie si devise coment il se gouverna tout son tens selonc Dieu et selonc l'Eglise, et au proufit de son regne [1]. La seconde partie deu livre si parle de ses grans chevaleries et de ses grans fais d'armes.

Sire, pour ce qu'il est escrit : « Fai premier [2] ce qui afiert a Dieu, et il t'adrecera toutes tes autres besoignes [3], » ai je tout premier fait escrire [4] ce qui afiert aus trois choses dessus dites : c'est a savoir ce qui afiert au proufit des ames et des cors, et ce qui afiert au gouvernement deu pueple.

Et ces autres choses ai je fait escrire aussi a l'oneur deu vrai cors saint [5], pour ce que par ces choses dessus dites on pourra veoir tout cler qu'onques ons lais de nostre tens ne vesqui si saintement de tout son tens, dès le commencement de son regne jusques a la fin de sa vie. A la fin de sa vie ne fui je mie; mais li cons Pierres d'Alençon, ses fis, i fu (qui mout m'ama), qui me recorda la bele fin qu'il i fist, que vous trouverez escrite a la fin de cest livre.

Et de ce, me semble il qu'on ne li fist mie assés, quant on ne le mist ou nombre des martirs, pour les grans peines qu'il soufri ou [6] pelerinage de la crois, par l'espace de sis ans que je fui en sa compaignie, et pour ce meesmement qu'il ensevi Nostre Seigneur ou fait de la crois. Car se Dieus mouru en la crois, aussi fist il ; car croisiés estoit il quant il mouru a Tunes.

Li secons livres vous parlera de ses grans chevaleries et de ses grans hardemens, liquel sont tel que je li vi

---

[1] Mot savant; veut dire ici « royaume ».
[2] « Premièrement ». L'adjectif est employé ici adverbialement.
[3] « Il dirigera toutes tes autres affaires. »
[4] Expression très exacte, Joinville ayant dicté son livre à un clerc.
[5] Cette expression, qui indique ordinairement une relique, marque ici la personne même de saint Louis. Remarquons ici une construction chère à Joinville : le verbe, précédé de son régime, est suivi de son sujet.
[6] Combinaison de « en » et « le ».

quatre fois metre son cors en aventure de mort, aussi come vous orrez ci après, pour espargnier le domage de son pueple.

II. — Ce que saint Louis pensait de la foi (§§ 43-50).

Li sains rois s'esforça de tout son pouoir, par ses paroles, de moi[1] faire croire fermement en la loi crestiiene, que Dieus nous a donee, aussi come vous orrés ci après. Il disoit que nous devions croire si fermement les articles[2] de la foi que, pour mort[3] ne pour meschief qui avenist au cors, que nous n'aiens nule voulenté d'aler encontre ne par paroles ne par fait. Et disoit que li enemis est si soutis que quant les gens se muerent[4], il se travaille tant come il puet qu'il les puisse faire mourir en aucune doutance des poins de la foi; car il veoit que les bones uevres que li ons a faites, ne li puet il tolir; et veoit aussi qu'il l'a perdu s'il muert en veraie foi.

Et pour ce, se doit on garder et en tel maniere defendre de cet agait[5] qu'on die a l'enemi, quant il envoie tel tentacion: « Va t'en, doit on dire a l'enemi; tu ne me tenteras ja a ce que je ne croie fermement tous les articles de la foi; mais se tu me fesoies tous les membres

---

[1] La forme emphatique du pronom personnel est ici employée au lieu de la forme enclitique « me ».

[2] Mot savant.

[3] Nous emploierions aujourd'hui la particule « ou ». L'emploi de « ne » est justifié ici par le sens général de la phrase, qui est négatif. Voir, un peu plus bas, le même emploi de « ne ».

[4] Nous trouvons ici deux exemples de renforcement du verbe au moyen du pronom réfléchi. Il y en a beaucoup d'autres dans les textes du moyen âge : « se dormir, se tarder, se vivre ». Le français moderne n'a gardé qu'un petit nombre de ces verbes ainsi renforcés. — A noter aussi la forme « soutis », qui a été remplacée par la forme savante « subtil », de même origine.

[5] On « agaite » pour se défendre ou pour surprendre son ennemi. C'est dans le sens de « piège » que l'auteur emploie ici le mot « agait ».

trenchier, si vueil je vivre et mourir en cest point. » Et qui ainsi le fait[1], il vint l'enemi de son baston et de s'espee, dont li enemis le vouloit ocire.

Il disoit que fois et creance estoit[2] une chose ou nous devions bien croire fermement, encore n'en fussons nous certain mais que[3] par ouïr dire. Seur ce point, il me fist une demande : coment mes peres avoit non. Et je li dis qu'il avoit non Simon. Et il me dist coment je le savoie. Et je li dis que j'en cuidoie estre certains et le creoie fermement, pour ce que ma mere le m'avoit tesmoignié. Lors il me dist : « Donc devés vous croire fermement tous les articles de la foi, lesqueus li apostre tesmoignent, aussi come vous ouez chanter au diëmenche en la *Credo.* »

Il me dist que li evesques Guillaumes de Paris li avoit conté qu'un grans maistres de divinité[4] estoit venus a lui, et li avoit dit qu'il vouloit parler a lui. Et il li dist : « Maistre[5], dites vostre voulenté. » Et quant li maistres cuidoit parler a l'evesque, comença a plourer trop[6] fort. Et li evesques li dist : « Maistre, dites, ne vous desconfortés pas ; car nus ne puet tant pechier que Dieus ne puet plus pardoner. — Et je vous di, sire, dist li maistres ; je n'en puis mais se je pleur[7] ; car je cuit estre mescreans, pour ce que je ne puis mon cuer aheurter a ce que je croie ou sacrement de l'autel, ainsi

---

[1] « Le » est au neutre logique et signifie « cela ».

[2] Le verbe est au singulier parce que les deux substantifs sujets, exprimant la même idée, sont considérés comme formant un tout unique.

[3] « Ne... mais que... », c'est-à-dire « pas plus que, seulement ».

[4] C'est-à-dire un professeur de théologie. L'anglais a conservé une expression équivalente dans la locution « Doctor of divinity ».

[5] Pour l'ordinaire, le vocatif ne se distingue pas du cas sujet. Toutefois, on trouve dans Joinville *maistre* et *sire* employés sans *s* au vocatif, tandis que le cas sujet de ces deux mots possède cette désinence. Quant au mot « frere », cf. p. 85, note 4.

[6] Ce mot indique ici, non pas l'excès, mais le haut degré.

[7] « Si je pleure, je n'en suis pas responsable », mot à mot, « je ne puis pas plus faire pour me contenir ».

come sainte Eglise l'enseigne, et si sai bien que c'est des tentacions l'enemi¹. »

« Maistre, fist li evesques, or me dites, quant li enemis vous envoie ceste tentacion, s'ele vous plaist. » Et li maistres dist : « Sire, mais m'enuie tant come il me puet enuiier. — Or vous demant je, fist li evesques, se vous penriiés n'or n'argent par quoi vous regeïssés² de vostre bouche nule rien qui fust contre le sacrement de l'autel, ne contre les autres sains sacremens de l'Eglise. — Je³, sire, fist li maistres, sachiés qu'il n'est nule riens ou monde que j'en preïsse ; ainçois ameroie mieus qu'on m'arachast tous les membres deu cors, que je le regeïsse. »

« Or vous dirai je autre chose, fist li evesques. Vous savés que li rois de France guerroie au roi d'Engleterre ; et savés que li chasteaus qui est plus en la marche⁴ d'eus deus, c'est la Rochele en Poitou. Or vous vueil faire une demande, que se li rois vous avoit bailliee la Rochele a garder, qui est en la male marche, et qu'il m'eüst baillié le chastel de Montleheri⁵ a garder, qui est au cuer de France et en terre de pais, auquel li rois devroit savoir meilleur gré en la fin de sa guerre, ou a vous qui avriiés gardee la Rochele sans perdre⁶, ou a moi qui lui avroie gardé le chastel de Montleheri sans perdre ? — En non Dieu, sire, fist li maistres, a moi qui avroie gardee la Rochele sans perdre. »

---

¹ « C'est une des tentations de l'ennemi. » Cf. p. 75, note 7.
² Ce verbe signifie « émettre, proférer. »
³ Pronom personnel employé d'une manière explétive. Aujourd'hui nous nous servirions de la forme « moi ».
⁴ La « marche » était la frontière des possessions du roi de France et du roi d'Angleterre. Joinville l'appelle aussi « la male marche », parce qu'elle était difficile à garder et qu'elle était le théâtre de beaucoup de guerres et d'incursions.
⁵ Montlhéry, petite ville de Seine-et-Oise, arrondissement de Corbeil. Célèbre au moyen âge à cause de sa forteresse, élevée en 999 par Thibaut File-Étoupes, et rasée par Louis le Gros.
⁶ Le verbe « perdre » n'est pas précédé du pronom régime, comme il le serait selon les règles de notre syntaxe moderne.

« Maistre, dist li evesques, je vous dis que mes cuers est semblables au chastel de Montleheri ; car nule tentacion ne nul doute je n'ai deu sacrement de l'autel. Pour laquel chose je vous di que pour un gré que Dieu me set de ce que je le croi fermement et en pais, vous en set Dieus quatre, pour ce que vous li gardés vostre cuer en la guerre de tribulacion, et avés si bone voulenté envers lui que vous pour nule rien terriene, ne pour meschief qu'on vous feïst deu cors, ne le lairiiés. Dont je vous di que soiiés tous[1] aises ; que vostre estas plaist mieus a Nostre Seigneur que ne fait li miens. » Quant li maistres ouï ce, il s'agenouilla devant l'evesque, et se tint bien pour paiié[2].

Li sains rois me conta que pluseur gens des Aubijois vindrent au conte de Montfort[3], qui lors gardait la terre des Aubijois pour le roi, et li dirent qu'il venist veoir le cors Nostre Seigneur, qui estoit devenus en sanc et en char entre les mains au prouvoire[4]. Et il leur dist : « Alez le veoir, vous qui ne le creez ; car je le croi fermement, aussi come sainte Eglise nous raconte le sacrement de l'autel[5]. Et savés vous que j'i gaaignerai, fist li cons, de ce que le croi en ceste mortel vie aussi come sainte Eglise le nous enseigne ? J'en avrai une courone es cieus plus que les anges qui le veoient face a face ; par quoi il convient qu'il le croient. »

---

[1] « Tous » s'accorde régulièrement avec le sujet ; aujourd'hui il serait considéré comme adverbe, et conséquemment invariable.

[2] « Paiié », a conservé ici son sens originel, et signifie « apaisé » (latin *pacatum*).

[3] Cf. p. 19, note 5.

[4] « Entre les mains du prêtre ». La possession est parfois marquée dans le texte de Joinville par la préposition « a ». Cf. aussi Villehardouin, p. 18, note 2.

[5] « Raconter » ne serait plus ainsi employé aujourd'hui. — Dans la phrase suivante, remarquer l'omission de « ce », antécédent de « que ».

III. — Joinville part pour la croisade (§§ 119-127).

Le jour que je me parti[1] de Joinvile, j'envoiai querre l'abé de Cheminon, qu'on me tesmoignoit au plus preudome de l'ordre blanche[2]. Un tesmoignage li ouï porter a Clereval, le jour d'une feste Nostre Dame, que li sains rois i estoit, a un moine qui me le moustra, et me demanda se je le conoissoie. Et je li dis pourquoi il le me demandoit. Et il me respondi : « Car j'entent que c'est li plus preudons qui soit en toute l'ordre blanche. »

... Cis abes de Cheminon si me dona m'escharpe et mon bourdon. Et lors je me parti de Joinvile, sans rentrer ou chastel jusques a ma revenue, a pié, deschaus et en langes[3]; et ainsi alai a Blehecourt et a Saint Urbain[4], et autres cors sains qui la sont. Et endementiers que j'aloie a Blehecourt et a Saint Urbain, je ne vous onques retourner mes ieus vers Joinvile, pour ce que li cuers ne m'atendrist deu bel chastel que je laissoie et de mes deus enfans...

Au mois d'aoust, entrames en nos nés a la Roche de Marseille[5]. A cele journee que nous entrames en nos

---

[1] « Se partir », c'est-à-dire « se séparer de », construction primitive et conforme à l'étymologie. Plus tard ce verbe est devenu neutre.

[2] Cheminon, bourg du département de la Marne, près de Vitry-le-François. — « L'ordre blanche », c'est-à-dire les Augustins, qui portent une robe et un scapulaire de couleur blanche, par opposition à « l'ordre noire », c'est-à-dire les Bénédictins, dont tous les vêtements sont noirs. « L'ordre grise » indiquait les Cisterciens, dont l'habit est mi-partie blanc, mi-partie noir. — Le mot « ordre » est du féminin à cette époque, probablement à cause de sa terminaison. — Clereval, dont il est parlé un peu plus loin, est Clairvaux, aujourd'hui dans le département de l'Aube, et rendu si célèbre par le séjour de saint Bernard.

[3] « Sans chaussures et avec des vêtements de laine ». Le mot « lange » s'opposait au mot « linge », qui signifie proprement « étoffe de lin ».

[4] Blécourt est un village du canton de Joinville. — Saint-Urbain était une abbaye qui a disparu, après avoir donné son nom à un bourg, non loin de Joinville.

[5] Éminence qui dominait l'entrée du vieux port de Marseille, et dont une partie a été enlevée pour permettre la construction de la nouvelle cathédrale.

nés, fist l'on ouvrir la porte de la nef et mist l'on tous nos chevaux ens[1], que nous devions mener outre mer ; et puis reclost l'on la porte et l'emboucha l'on bien, aussi come quant on noie un tonel, pour ce que, quant la nés est en la grant mer, toute la porte est en l'eaue.

Quant li cheval furent ens, nostres maistres notoniers escria a ses notoniers, qui estoient ou bec de la nef, et leur dist : « Est aree votre besoigne[2] ? » Et il respondirent : « Ouïl, sire, viegnent avant li clerc et li prouvoire. » Maintenant qu'il furent venu, il leur escria : « Chantés, de par Dieu ! » Et il s'escrièrent tuit a une vois : *Veni, creator Spiritus!* Et il escria a ses notoniers : « Faites voile, de par Dieu ! » Et il si firent.

Et en brief tens li vens se feri ou voile, et nous ot tolue la veüe de la terre, que nous ne veïmes que ciel et eaue ; et chascun jour nous esloigna li vens des païs ou nous avions esté né. Es[3] ces choses vous moustre je que cil est bien fous hardis, qui s'ose metre en tel peril atout autrui chatel[4] ou en pechié mortel ; car l'on se dort le soir la ou on ne sait se l'on se trouvera ou font de la mer au matin.

IV. — Souffrances des croisés (§§ 289-293).

Après les deus batailles devant dites, comencierent a venir li grant meschief en l'ost. Car au chief de nuef jours[5], li cors de nos gens qu'il avoient tués vindrent au dessus de l'eaue ; et dit l'on que c'estoit pour ce que

---

[1] « Ens », de *intus*, a fait place à son composé « dedans ».

[2] « Ordonnée, achevée. » Le vieux français possédait aussi le substantif « arroi », qui signifiait « ordonnance, appareil, équipage ». Nous n'avons conservé que le composé « désarroi ».

[3] Du latin *ecce*, et signifie « voilà ». Le « que » suivant a un sens tout particulier, « pour prouver que ».

[4] « Avec le bien d'autrui. » — « Chatel » vient du latin *capitale*.

[5] « Au bout de neuf jours. » Cf. notre verbe « achever », mener à bonne fin, et le vieux verbe « chevir », venir à bout de quelqu'un, encore usité au XVIe siècle. Cf. aussi p. 131, n. 5.

li fiel en estoient pouri. Il en vindrent flotant jusques au pont qui estoit entre nos deus os[1], et ne peurent passer, pour ce que li pons joignoit a l'eaue. Si grant foison i en avoit, que tous li fluns estoit pleins de mors dès l'une rive jusques a l'autre, et de lonc[2] bien le get d'une pierre menue.

Li rois avoit loués cent ribaus[3], qui bien i furent uit jours. Li cors aux Sarrazins, qui estoient retaillié, jetoient d'autre part deu pont, et laissoient aler d'autre part l'eaue, et les crestiiens fesoient metre en grans fosses, les uns avec les autres. J'i vi les chamberlens au conte d'Artois, et mout d'autres, qui queroient leur amis entre les mors ; n'onques n'ouï dire que nus i fu retrouvés.

Nous ne mangions nus poissons en l'ost tout le quaresme, mais que bourbetes[4] ; et les bourbetes manjoient les gens mors, pour ce que ce sont glout poisson. Et pour ce meschief, et pour l'enfermeté[5] deu païs, la ou il ne pluet nule fois goute d'eau, nous vint la maladie de l'ost, qui estoit teus, que la chars de nos jambes sechoit toute, et li cuirs de nos jambes devenoit tavelés de noir et de terre, aussi comme une vieille huese[6] ; et a nous qui avions tel maladie, venoit chars pourie es gencives; ne nus n'eschapoit de cele maladie, que mourir ne l'en convenist[7]. Li signes de la mort estoit teus, que la ou li nés saignoit, il convenoit mourir.

---

[1] « Les deux armées ». *Hostis* avait donné « oz ». Mais, comme il est facile de le constater dans le texte de Joinville, le z final a perdu son élément dental, et est devenu s.

[2] « Dans le sens de la longueur, » c'est-à-dire « du courant ».

[3] « Valets d'armée » ; ce mot emporte ordinairement avec soi une idée de mépris.

[4] Les bourbettes, appelées aussi barbotes, vivent dans les eaux limoneuses, comme sont celles du Nil.

[5] « L'infirmité », c'est-à-dire ici l'insalubrité du pays.

[6] « Marqué de taches noires et terreuses, comme une vieille botte ».

[7] « Personne n'échappait à cette maladie, sans qu'il lui fallût mourir » ; c'est-à-dire la mort seule pouvait délivrer de cette maladie.

A la quinzaine après, li Turc, pour nous afamer (dont mout de gens se merveillierent), prirent pluseurs de leur galies dessus notre ost, et les firent traire par terre et metre ou flun qui venoit de Damiete, bien une lieue dessous nostre ost. Et ces galies nous donerent famine ; que nus ne nous osoit venir de Damiete pour aporter garnison contremont l'eaue, pour leur galies [1]. Nous ne seümes onques noveles de ces choses jusques a tant qu'uns vaisselès deu conte de Flandres, qui eschapa d'eus par force d'eaue, le nous dist, et que les galies deu soudanc avoient bien gaaigniees quatre vins de nos galies qui estoient venues de vers Damiete, et tuees les gens qui estoient dedens.

Par ce avint si grans chertés en l'ost, que tantost que la Pasque fu venue, un bues valoit en l'ost quatre vins livres, et un moutons trente livres, et un pors trente livres, et un ues douze deniers, et uns muis de vin dis livres [2].

V. — Saint Louis refuse de quitter son vaisseau
(§§ 618-628).

Le samedi, veïmes l'isle de Cipre, et une montaigne en l'isle de Cipre, qu'on apele montaigne de la Crois. Cel samedi, leva une broine [3] de la terre, et descendi de terre seur la mer ; et pour ce cuiderent nostre marinier que nous fussons [4] plus loins de l'isle de Cipre que nous

---

[1] « Personne n'osait venir de Damiette, en remontant le courant, apporter des provisions aux croisés, à cause des galères des Sarrasins. » — Un peu plus loin, « vaisselés », c'est-à-dire « petit bâtiment ».

[2] La livre tournois, dont il est question ici, avait une valeur intrinsèque de 20 fr. 26. Elle valait vingt sous, et le sou douze deniers, de sorte qu'il faut attribuer au denier une valeur de 0 fr. 08. En tenant compte de la puissance de l'argent à cette époque, il est facile de voir que les vivres avaient atteint un prix très élevé.

[3] « Bruine ».

[4] Ici, comme dans tous les autres passages de Joinville, l'imparfait du subjonctif n'a pas encore pris, aux deux premières personnes du pluriel, l'î qu'elles présentent toujours maintenant.

n'estions, pour ce qu'il voioient la montaigne par dessus la broine. Et pour ce firent nagier abandoneement[1] : dont il avint ainsi que nostre nés heurta a une queue de sablon[2] qui estoit en la mer. Or avint ainsi que, se nous n'eüssons trouvé ce peu de sablon la ou nous heurtames, nous eüssons heurté a tout plein de roches qui estoient couvertes, la ou nostre nés eüst esté toute esmiiee[3], et nous tuit perillié et noiié.

Maintenant que nostre nés eut heurté, li cris leva en la nef si grans que chascuns crioit helas! et li marinier et li autre batoient leur paumes, pour ce que chascuns avoit peeur de noiier. Quant j'ouï ce, je me levai de mon lit, la ou je gisoie, et alai ou chastel avec les mariniers. Quant je vin la, frere Remons[4], qui estoit Templiers et maistres dessus les mariniers, dist a un de ses vaslès : « Giete ta plommee[5]; » et si fist il. Et maintenant qu'il l'eut jetee, il s'escria et dist : « Halas! nous somes a terre! » Quant frere Remons ouï ce, il se descira jusques a la couroie, et prist a arachier sa barbe, et crier : « Ai mi ! ai mi ! »

... Celui qui avait la sonde la jeta une seconde fois, et revint a frere Remont, et li dist que la nés n'estoit plus a terre. Et lors frere Remons l'ala dire au roi, qui estoit en crois adens[6] seur le pont de la nef, tous deschaus, en pure cote et tous deschevelés (devant le cors Nostre Seigneur qui estoit en la nef), comme cil qui cuidoit bien noiier. Si tost come il fu jours, nous veïmes

---

[1] « Ils firent naviguer à l'abandon », c'est-à-dire sans prendre les précautions nécessaires.
[2] « Un banc de sable ».
[3] « Mise en miettes ».
[4] « Frere », au cas sujet, n'a pas d's dans le texte de Joinville, quand il s'agit d'un titre religieux.
[5] « Ta plommee », c'est-à-dire la sonde, terminée par une masse de plomb.
[6] « Sur les dents », c'est-à-dire la face contre terre. Saint Louis était prosterné les bras en croix, pieds nus, vêtu seulement d'une cotte, c'est-à-dire d'une tunique légère, et sans coiffe pour retenir ses cheveux.

la roche devant nous, la ou nous fussons heurtés se la nés ne fust aheurtee a la queue deu sablon.

L'endemain, envoia li rois querre les maistres notoniers des nés, liquel envoiierent quatre plongeeurs en la mer aval[1]. Et plongierent en la mer; et quant il revenoient, li rois et li maistre notonier les ouoient l'un après l'autre, en tel maniere que li uns des plongeeurs ne savoit ce que li autres avoit dit. Toutes voies trouva l'on par les quatre plongeeurs qu'au froter que nostre nés avoit fait ou sablon, li sablons en avoit bien ostees quatre toises deu tison[2] seur quoi la nés estoit fondee.

Lors apela li rois les maistres notoniers devant nous, et leur demanda quel conseil il donroient deu coup que sa nés avoit receü. Il se conseillierent ensemble et louerent au roi qu'il se descendist de la nef la ou il estoit, et entrast en une autre. « Et ce conseil vous louons nous, car nous entendons de certain que tuit li ais de vostre nef sont tuit eslouchié[3]; par quoi nous doutons que, quant vostre nés vendra en la haute mer, qu'elle ne puisse soufrir les cous des ondes, qu'ele ne se despiece. Car autel[4] avint il quant vous venistes de France, qu'une nés heurta aussi; et quant ele vint en la haute mer, elle ne peut soufrir les cous des ondes, ainçois se desrompi, et furent tuit peri quant qu'il estoient en la nef, fors qu'une feme et son enfant qui en eschaperent seur une piece de la nef. »

Lors dist li rois aus notoniers : « Je vous demant, seur vos loiautés, se la nés fust vostre et ele fust chargiee de vos marcheandises, se vous en descenderiés. » Et il respondirent tuit ensemble que nenil; car il ameroient mieus metre leur cors en aventure de noiier, que

---

[1] « Au fond de la mer ».
[2] « La quille du vaisseau ».
[3] Dérangés, enlevés de leur place ». Du verbe *exlŭscare*, qui vient lui-même de *ex* et de *luxare*, déranger.
[4] « Pareille chose ». Du latin *aliud tale*.

ce qu'il achetassent une nef quatre mil livres et plus. « Et pourquoi me louez vous donc que je descende ? — Pour ce, firent ils, que ce n'est pas jeus partis[1]; car ors n'argens ne puet esprisier le cors de vous, de vostre feme et de vos enfans qui sont ceens, et pour ce ne vous louons pas que vous vous metez[2], ne vous n'eus, en aventure. »

Lors dist li rois : « Seigneur, j'ai ouï vostre avis et l'avis de ma gent. Or vous redirai je le mien, qui est teus, que, se je descent de la nef, qu'il a ceens teus cinc cens persones et plus qui demourront en l'isle de Cipre, pour la peeur du peril de leur cors (car il n'i a celui qui autant n'aint sa vie come je fais la miene), et qui jamais, par aventure, en leur païs ne renterront. Dont j'ain mieus mon cors et ma feme et mes enfans metre en la main Dieu, que je feïsse[3] tel domage a si grant pueple come il a ceens. »

VI. — Mort de saint Louis (§§ 755-000).

Quant li bon rois eut enseignié son fil monseigneur Phelipe, l'enfermetés qu'il avoit commença a croistre forment[4]; et demanda les sacremens de sainte Eglise, et les eut en sainte pensee et en droit entendement, ainsi come il aparu : car, quant l'on l'enhuiloit et on disoit les set psaumes[5], il disoit les vers d'une part.

---

[1] « Jeu parti », jeu où les chances sont égales de part et d'autre. Ici les marins veulent dire que le cas n'est pas le même.

[2] Le subjonctif présent n'a pas encore l'i qui est sa caractéristique aux deux premières personnes du pluriel.

[3] L'imparfait du subjonctif est ici employé au lieu du présent.

[4] Du latin fŏrti mente. L'adjectif « fort » n'ayant pas alors de forme spéciale pour le féminin, on disait « fortment, forment ». Quand la forme spéciale féminine a été créée, on a dit « fortement ».

[5] Forme savante : la forme vulgaire est « saume ». — « Vers » a ici le sens de « verset ».

Et ouï conter monseigneur le conte d'Alençon, son fil, que quant il aprochoit de la mort, il apela les sains pour li aidier et secourre, et meesmement monseigneur saint Jaque, en disant s'oraison qui comence : *Esto, Domine,* c'est a dire : « Dieus, soiiés sauveres et garde[1] de vostre pueple. » Monseigneur saint Denis de France apela lors en s'aide, en disant s'oraison qui vaut autant a dire : « Sires Dieus, done nous que nous puissons despire la prosperité de ce monde, si que nous ne doutons nule aversité. »

Et ouï dire a monseigneur d'Alençon (que Dieus assoille!) que ses peres reclamoit lors madame sainte Genevieve. Après, se fist li sains rois couchier en un lit couvert de cendre, et mist ses mains sus sa poitrine, et en regardant le ciel rendi a notre Createur son esprit, en cele eure meesme que li Fis Dieu mouru pour le salut deu monde en la crois.

Piteuse[2] chose et digne est de plourer le trespassement de ce saint prince, qui si saintement et loiaument garda son roiaume, et qui tant de beles aumosnes i fist, et qui tant de beaus establissemens i mist. Et ainsi come li escrivains qui a fait son livre, qui l'enlumine d'or et d'azur, enlumina li dis rois son roiaume de beles abeïes qu'il i fist, et de la grant quantité de maisons Dieu[3] et de maisons des Precheeurs, des Cordeliers et des autres religions qui sont ci devant nomees.

---

[1] Substantif verbal féminin, formé de « garder ».
[2] « Pieuse », conformément à l'étymologie.
[3] « Maisons de Dieu », c'est-à-dire où on reçoit les pauvres pour l'amour de Dieu : même signification que dans « hôtel-Dieu ».

FROISSART

Les œuvres historiques composées entre la mort de Joinville et l'apparition de Froissart sont pour la plupart d'une mince valeur, et présentent un médiocre intérêt.

Les chroniques rimées continuent d'être en faveur, comme si notre nation ne pouvait se déprendre de cette poésie historique, qu'elle a goûtée et admirée si longtemps dans les chansons de geste. Parmi les compilations versifiées de cette époque, nous citerons la *Geste de Liège*, dont le récit remonte jusqu'au déluge, et que son auteur, Jean d'Outremeuse, ne tarda pas à mettre en prose. Nous rappellerons une chronique rimée de Geoffroi de Paris, des œuvres anonymes destinées à célébrer *le Vœu du Héron* et *le Combat des Trente*, et *la Prise d'Alexandrie par le roi Pierre de Chypre*, de Guillaume de Machault (1370). Nous devons une mention toute spéciale au long poème où le trouvère Cuvelier nous a laissé un récit mal ordonné, parfois inexact, mais toujours bien vivant, de l'enfance et des exploits de Bertrand du Guesclin (1382).

Parmi les œuvres en prose, il faut citer la continuation des *Grandes Chroniques de France*, rédigées en latin pour être traduites en français presque aussitôt après. A partir de 1340, elles furent écrites uniquement dans cette dernière langue, et finirent par devenir une histoire officielle, enregistrée au jour le jour par les conseillers intimes des rois de France. Jean de Venette, carme du couvent de la place Maubert, fit aussi un récit des événements qui s'étaient passés entre 1340 et 1368; mais cette œuvre si intéressante pour nous fut peu connue, parce qu'elle était rédigée en latin. Il faut louer encore la *Chronique des quatre premiers Valois*, ouvrage anonyme, composé, à ce que l'on croit, par un prêtre de Rouen. L'auteur, crédule parfois et souvent mal informé, sait donner de l'intérêt à son récit : impartial et modéré, il a le mérite de s'occuper des classes populaires et de leur rendre justice. Mais surtout nous devons rappeler les *Vrayes Chroniques* de Jehan le Bel, chanoine de Liège. Nous les citons ici, non pas seulement à cause de leur mérite intrinsèque, parce qu'elles constituent un tableau large et coloré, un récit vivant et assez complet des événements qui ont eu pour théâtre l'Europe occidentale entre les années 1326 et 1361, mais surtout parce qu'elles ont servi de modèle à Froissart. Celui-ci a emprunté à Jehan le Bel presque tout le premier livre de ses *Chroniques* (1326 à 1360 environ), tel qu'il apparaît dans sa première rédaction. Ce n'est que plus tard, quand il fut assez sûr de son talent et assez riche en informations, qu'il essaya de faire une œuvre personnelle et originale. Aux yeux de la critique, le principal mérite de Jehan le Bel sera toujours d'avoir été le maître et le précurseur de Froissart.

I. — Vie de Froissart

Nous ne connaissons de la vie de Jean Froissart que ce qu'il a bien voulu nous en dire lui-même, et, pour la reconstituer, nous devons en chercher les éléments dans ses écrits.

Il naquit en 1337, à Valenciennes en Hainaut[1]. On a voulu le faire naître d'un Thomas Froissart, peintre d'armoiries, et expliquer par la profession de son père le goût qu'il eut toujours pour les manuscrits peints et historiés. Certains auteurs, d'autre part, ont fait de lui le fils d'un changeur, et son biographe le plus autorisé[2] conjecture qu'il avait « au moins traversé le métier de monnayeur ». Mais ce sont des hypothèses qu'il serait difficile d'asseoir sur une base solide. Elles ont été tirées des œuvres poétiques de Froissart, et, dans ces compositions allégoriques, il est impossible de faire le départ de la fiction et de la réalité. Au surplus, le nom de Froissart n'était pas rare à cette époque dans le Hainaut, et

---

[1] Aujourd'hui sous-préfecture du département du Nord.

[2] Nous voulons parler de M. Kervyn de Lettenhove. Sa biographie de Froissart nous fait connaître tout ce que l'on a pu découvrir jusqu'ici au sujet du chroniqueur, et donne de précieux renseignements sur son temps et son époque. Il est fâcheux toutefois que l'auteur ait cru devoir donner à son travail une forme romanesque, au lieu de le rédiger dans un style grave et simple, le seul digne de l'histoire. Cf. Kervyn de Lettenhove, *Étude sur Froissart et le XIVe siècle* (Bruxelles, 1857, 2 vol. in-12), et son *Introduction* à l'édition de Froissart, t. I. (Bruxelles, 1870).

il serait téméraire d'identifier le père de notre chroniqueur avec l'un des personnages qui portent ce nom dans les actes publics.

Jean Froissart paraît toutefois avoir appartenu à une famille aisée, qui lui fit étudier le latin. Mais il prit peu de goût à cette étude, et, au lieu de fréquenter l'école, il s'échappait volontiers pour aller flâner et courir à travers les prés et les champs. S'il retint quelques noms de la mythologie ancienne et de l'histoire romaine, il connut beaucoup mieux les romans de chevalerie, particulièrement ceux du cycle de la Table Ronde. Il s'essaya aussi de bonne heure à des compositions littéraires, et il y eut un tel succès, qu'il résolut d'aller utiliser son talent à la cour d'Angleterre (1361).

Là régnait Philippe de Hainaut [1], qui avait épousé Édouard III, et qui accueillait volontiers les Hainuyers auxquels la fantaisie avait pris de passer le détroit. Froissart emportait avec lui un ouvrage qui devait le faire bien venir, et où se trouvait le récit des événements qui avaient eu lieu entre les années 1356 et 1360. « Devant la grosse bataille de Poitiers, nous dit-il, j'estoie encores moult jeune de sens et d'aage. Ce nonobstant, si empris-je, assés hardiment, moi issu de l'escole, a rimer et a dicter les guerres dessus dites, pour porter le livre en Engleterre tout compilé, si comme je fis, et le presentai adont a très haulte et très noble dame madame Philippe de Hainaut, royne d'Engleterre, qui liement et doulcement le receut de moy et m'en fist grand prouffit. » En effet, après avoir reçu du roi Édouard un don de cent florins, il fut définitivement attaché en qualité de « clerc » à l'hôtel de la reine. Ses nouvelles fonctions n'avaient rien d'ecclésiastique, et, si l'on s'en rapporte à un acte de l'époque, répondaient à peu près à celles de secrétaire. Elles lui assuraient son pain de chaque jour, lui permettaient d'observer cette vie des cours qu'il devait peindre plus tard d'une manière si exacte et si vivante, et le rapprochaient de certains personnages qui pouvaient lui fournir les renseignements historiques les plus précieux. Car, dès cette époque, comprenant ce que l'histoire de son temps aurait d'intérêt pour les générations à venir, il songeait à la raconter dans une œuvre de

---

[1] Fille de Guillaume Ier de Hainaut, épousa Édouard III en 1328 et mourut en 1369. — Édouard III, né en 1312, roi d'Angleterre en 1327, mort en 1377.

longue haleine, rédigée avec soin et enrichie des détails les plus piquants. « Pour l'amour de la noble et vaillante dame a qui j'estoie, nous dit-il, tous grans seigneurs, rois, ducs, comtes, barons et chevaliers, de quelque nation qu'il fussent, me amoient et me vooient volentiers. » Et ces grands seigneurs dont il parle ici, c'étaient non seulement des nobles anglais, tels que les comtes d'Hereford et de Pembroke, ou bien encore Barthélemi de Burgesh [1], qui avait joué un rôle si important comme négociateur, de 1327 à 1356; c'étaient aussi tous les nobles de France qui se trouvaient à Londres, tenant « ostagerie pour la redemption » du roi Jean le Bon. Parmi ces seigneurs français, il faut citer le duc de Bourbon [2] et Gui de Blois, qui devait être pour Froissart le plus généreux des protecteurs. Celui-ci profitait de leur bienveillance et de leurs sympathies pour se faire raconter par chacun d'eux les faits auxquels ils avaient pris une part active.

Il se trouvait à Eltham, à la suite de la cour, quand le roi et la reine d'Angleterre vinrent recevoir Jean le Bon [3], qui retournait en captivité (25 février 1363). Il était aussi à Londres quand le roi de France descendit à l'hôtel de Savoie, accueilli partout sur son passage « en grant reverence et grant foison de menestrandies ». Il témoigna ses sympathies à l'illustre prisonnier en composant une pastourelle en son honneur. Il paraît même certain qu'à cette époque, il fit partie « de l'hostel du roi Jean de France ». Ce fut d'ailleurs pour peu de temps, car le prince mourut le 8 avril 1364.

Depuis qu'il était en Angleterre, il avait composé divers poèmes, notamment *l'Espinette amoureuse*, *le Paradis amoureux* et *l'Orloge amoureuse*. Mais la poésie n'était pour lui qu'une distraction passagère ; ce qu'il regardait comme l'œuvre de sa vie, c'était l'histoire des événements les plus

---

[1] Il fut envoyé plusieurs fois en mission vers le pape, à la cour d'Avignon ; il négocia en outre plusieurs trêves avec la France ; prit part à beaucoup de guerres, et assista à la bataille de Créci ; devint connétable de la Tour de Londres, et mourut en 1355.

[2] Louis II, duc de Bourbon, dit *le Bon*, succéda à son père Pierre Ier en 1356. Fit la guerre avec du Guesclin contre les Anglais pendant de longues années, fut un des régents de France pendant la minorité de Charles VI, et mourut en 1410, après avoir fait une croisade contre les musulmans des États barbaresques. — Gui II, de Châtillon, sire de Beaumont, devint comte de Blois en 1381, et mourut en 1397.

[3] Fils de Philippe VI de Valois. Né en 1319, roi de France en 1350, mort en 1364.

remarquables de son temps. Non content des renseignements qu'il avait recueillis en suivant la cour d'Édouard III, il voulut compléter ces indications en allant faire ce qu'il appelait ses « enquestes ». Ses fonctions de clerc de la reine n'exigeaient pas une présence assidue auprès de sa souveraine. Les embarras d'argent n'étaient pas non plus pour l'arrêter ; il était hébergé généreusement par les seigneurs qu'il visitait, et d'ailleurs il faisait ses voyages « au titre » et « aux coustages » de la reine Philippe, et de hauts personnages dont nous aurons l'occasion de citer les noms.

En 1365, il partit pour l'Écosse, emportant des lettres où Philippe de Hainaut le recommandait au roi David Bruce[1]. Il resta trois mois auprès de ce prince, et, dit-il, « eu cette aventure que ce que je fui en Escoce, le roi visita tout son païs, par laquelle visitation je apri et considerai moult de la matere et ordenance des Escoçois. » David Bruce, qui dans sa jeunesse avait vécu à la cour de Philippe de Valois, et qui avait lutté vaillamment contre l'Angleterre, pouvait raconter bien des drames dans lesquels il avait joué un rôle, notamment cette sanglante bataille de Nevil-Cross, où il reçut à la tête un fer qu'on ne put jamais retirer. Froissart fit aussi la connaissance « de la greigneur partie des barons et chevaliers d'Escoce », qui lui firent « toute bonne chiere », à cause de la puissante recommandation qu'il portait avec lui. Pendant ce voyage il composa un élégant badinage, le Debat du cheval et du levrier. Il s'agit dans cette pièce du cheval qui porte le poète et sa malle, et du lévrier qui le suit, tenu en laisse et se blessant les pieds aux cailloux du chemin. Les deux animaux se plaignent à qui mieux mieux des malheurs de leur condition respective. Ce qui les met d'accord, c'est que tous deux ont faim. Le cheval, qui vient d'apercevoir

 Une ville a un grant clochier,

prend le galop ; le lévrier le suit, et le débat est par là même terminé.

Après avoir visité Édimbourg et les highlands, qu'il appelle « la sauvage Escoce », par opposition à la partie méridionale,

---

[1] Fils de Robert Bruce, né en 1323, roi d'Écosse en 1329 sous le nom de David II ; après avoir été détrôné, rétabli, puis fait prisonnier et détenu à la Tour de Londres, il mourut en 1371.

qui est pour lui « la doulce Escoce », il rentra en Angleterre par le Northumberland, et visita ce qu'il appelle la Nor-Galle, et notamment Carlion, le Caërléon des romans de la Table Ronde [1]. L'année suivante, il suivit Édouard le Despenser [2] dans l'Est de l'Angleterre, et il apprit au château de Berkley les détails du drame mystérieux dont Édouard II [3] avait été la victime.

Puis il repassa le détroit, et, le 15 avril 1366, il arrivait à Bruxelles, à la cour du duc Wenceslas de Bohême et de la duchesse Jeanne de Brabant [4]. Sans s'y arrêter longtemps, il partit pour la Bretagne, d'où il gagna Bordeaux, où le Prince Noir [5] tenait une cour somptueuse. Il était à table, le 6 janvier 1367, quand le maréchal d'Aquitaine vint lui dire : « Froissart, escripvés et mettés en memoire que madame la princesse est acouchee de ung beau fils qui est venu au monde en jour de roy, et si est fils de roy, car son pere est roy de Galice... sicques par raison, il sera encoires roy... » Ce fut probablement en ce moment qu'il connut Chandos [6], et qu'il s'enquit auprès de lui des grands événements auxquels il avait assisté, particulièrement de la bataille de Crécy. Il comptait suivre en Espagne le Prince

---

[1] Caërléon, dans le pays de Galles, passe pour avoir été la capitale du roi Arthur, au commencement du VIe siècle. C'est dans cette ville qu'il aurait institué l'ordre légendaire des chevaliers de la Table Ronde.

[2] Descendait de Robert le Despenser, seigneur français venu en Angleterre à la suite de Guillaume le Conquérant. Hugues le Despenser, dit le Jeune, avait été le favori d'Édouard II, et, après de nombreux crimes et une foule d'exactions, avait été mis à mort par ordre de la reine Isabelle. Édouard était petit-fils d'Hugues : il fut le protecteur décidé de Froissart, et mourut en 1377.

[3] Fils d'Édouard Ier, naquit en 1284, et régna de 1307 à 1327. Battu par des rebelles que commandait sa femme Isabelle, fille de Philippe le Bel, il fut enfermé au château de Berkley, et assassiné quelques mois après.

[4] Fils du roi Jean l'Aveugle, et frère de Charles Ier, roi de Bohême, plus tard empereur d'Allemagne sous le nom de Charles IV, Wenceslas devint duc de Brabant par son mariage avec Jeanne, fille de Jean III, et mourut en 1383.

[5] Né en 1330, mort en 1376. Fils d'Édouard III et père de Richard II, il ne régna jamais. Les historiens l'appellent « le Prince de Galles », ou encore « le Prince Noir », à cause de la couleur de son armure. Le prince dont il est question un peu plus loin est celui qui s'appellera plus tard Richard II.

[6] Jean Chandos, lieutenant général des provinces anglaises en France, mena les négociations de la paix de Brétigny. Il combattit contre du Guesclin, et le fit prisonnier deux fois : à Auray, en 1364, et à Navarette en Espagne, l'an 1367. Fut tué au pont de Lussac, près Poitiers, en 1369.

Noir, qui marchait contre Henri de Transtamare [1] et Bertrand du Guesclin. Mais il reçut une mission qui l'obligea à regagner l'Angleterre, où il ne demeura d'ailleurs que peu de temps. Le duc de Clarence, Lionel, se rendait à Milan pour épouser Yolande, fille de Galéas II Visconti [2]. Il emmenait Chaucer [3] : Froissart obtint de faire partie, lui aussi, de la suite du prince. Il assista aux fêtes qui lui furent données à Paris, à Chambéry et enfin à Milan. Puis il le quitta pour visiter l'Italie. Il arriva à Bologne, où il rencontra le roi Pierre de Chypre [4]. Ce prince l'emmena à Ferrare, où il lui fit compter « quarante bons ducats », et, de son côté, Eustache de Conflans raconta au chroniqueur les exploits de ce vaillant monarque (1368). Froissart se rendit ensuite à Rome, où le pape Urbain V [5] venait de rentrer, et il y rencontra Jean Paléologue, qui venait implorer l'appui du Souverain Pontife. Puis, ayant trouvé un envoyé du prince de Galles, Richard d'Angle, qui allait quitter Rome, il repartit en sa compagnie.

En arrivant à Bruxelles, il apprit la mort de Philippe de Hainaut. Après l'avoir pleurée et louée comme il convenait, il résolut de ne plus retourner en Angleterre. Il espérait trouver des protecteurs dans son pays natal : en Brabant, le duc Wenceslas de Bohême ; en Hainaut, Aubert de Bavière [6] ; sur les confins des deux pays, Gui de Blois, seigneur de Beaumont, et Robert de Namur, qu'il avait vus à la cour d'Édouard. Ses espérances ne furent pas déçues. Dans les derniers jours d'août 1369, il offrit à la duchesse de Brabant

---

[1] Frère de Pierre le Cruel, lui enleva le trône de Castille en 1369, et mourut en 1379.

[2] Né vers 1320, seigneur de Milan en 1354, mort en 1378. Avait acquis par toutes sortes d'exactions des richesses considérables, et pouvait doter magnifiquement sa fille : c'est pour ce motif qu'elle fut recherchée par le duc de Clarence, troisième fils d'Édouard III.

[3] Page d'Édouard III, négociateur, surintendant de la maison du roi, Chaucer est connu surtout comme écrivain. Son ouvrage le plus célèbre est le recueil des *Contes de Cantorbéry*. Né en 1328, mort en 1400.

[4] Pierre Ier, roi de Chypre en 1361, remporta de brillantes victoires sur les musulmans de la Tripolitaine et de la Syrie en 1367, et mourut en 1372.

[5] Né en 1309, élu pape en 1362, après la mort d'Innocent VI, mort en 1370. — Jean V Paléologue, né en 1332, empereur de Constantinople en 1341 ; mourut en 1391.

[6] Aubert de Bavière, comte de Hainaut en 1377, mourut en 1404. — Robert de Namur, seigneur de Beaufort, épousa Isabelle de Hainaut, sœur de la reine Philippe, et fut presque constamment l'allié des Anglais. Mort en 1392.

un livre dont le titre ne nous a pas été conservé, et qui lui valut un don de vingt moutons d'or[1]. Les libéralités de cette princesse et de son noble époux ne s'arrêtèrent pas là, au témoignage de Froissart lui-même.

> Le duc et la ducoise aussi
> De Braibant moult je regrasci,
> Car il m'ont toutdis esté tel
> Que eux, le leur et leur hostel
> Ai je trouvé large et courtois.

Ce fut à « l'hostel » de Wenceslas qu'il fit la connaissance de Guillaume de Machaut, d'Eustache Deschamps et de Philippe de Maizières[2].

A la fin de la même année, nous le trouvons à Beaumont, près de Gui de Blois. Là, il rencontra le commensal ordinaire du château, Jehan le Bel, qu'il devait imiter et ensuite surpasser. En 1370 et 1371, il était retourné à la cour de Wenceslas, où il semblait fixé pour longtemps. Mais le duc de Brabant entreprit une guerre contre le duc de Juliers, et il subit à la bataille de Bastweiler une défaite qui rappelait celle de Philippe VI à Crécy. Fait prisonnier et retenu en captivité pendant plus d'un an par son ennemi, il fut obligé de resteindre ensuite ses dépenses, et sa cour demeura longtemps déserte et délaissée. C'est alors que Froissart se retira à Lestines, aujourd'hui Estinnes-au-Mont (1372). Ce fut aussi en ce moment qu'il entra dans les ordres; l'année suivante, il était nommé curé de cette paroisse. Indépendamment des revenus de sa charge, il recevait du duc de Brabant une pension et quelques muids de blé après la moisson. Il le paya en essayant de consoler sa captivité par le poème de la *Prison amoureuse*, où il mêlait à ses propres vers ceux de Wenceslas lui-même. Il acheva dans le même moment le *Joli Buisson de Jonece*, qu'il avait commencé en Angleterre, et qui était

---

[1] Le mouton d'or valait à cette époque 14 fr. 24 environ de notre monnaie. Le franc d'or, 13 fr. 38. Quant aux florins d'Angleterre et aux ducats d'Italie, nous n'avons pas des données assez certaines pour en apprécier la valeur.

[2] Guillaume de Machaut, poète français, né en Champagne vers 1290, mort vers 1377. — Eustache Deschamps, né à Vertus en Champagne vers 1340, mort vers 1410, imita le précédent et le surpassa par son renom littéraire. — Philippe de Maizières, écrivain et précepteur de Charles VI, né en 1312, mort en 1405.

destiné à relater les faits mémorables du temps passé. Ce poème, rédigé d'une manière allégorique, et fastidieux par sa longueur, se termine par des réflexions morales et par un lai en l'honneur de Notre-Dame. En ce même temps, Froissart multipliait les « dittiers » aux formes variées, et les pastourelles, où il célébrait souvent le bonheur des champs. Mais ce qu'il faut surtout noter, c'est qu'à cette époque il rédigea pour la première fois le premier livre de ses *Chroniques*. Cette œuvre était dédiée à Robert de Namur, qui avait épousé une sœur de la reine Philippe, et qui était partisan de l'Angleterre : aussi Froissart s'y montre-t-il favorable aux Anglais. Plus tard, une seconde rédaction, entreprise entre 1380 et 1383, prouve que notre chroniqueur est devenu plus sympathique à la France qu'à ses ennemis.

Le duc de Brabant avait fait sa paix avec la France, grâce à l'attitude énergique de Charles V [1], et, quand ce prince fut mort, il assista au sacre de Charles VI à Reims. Il y fut accompagné par Froissart. Celui-ci prit encore part aux fêtes que le duc donna en l'honneur de sa nièce, Anne de Bohême, qui allait en Angleterre épouser Richard II [2]. Vers cette époque, la vie de Froissart fut signalée par un incident très désagréable à notre chroniqueur. Il avait envoyé cinquante-six cahiers de ses *Chroniques* à Paris, à Guillaume de Bailly, pour qu'il les ornât d'enluminures : il projetait d'offrir au roi d'Angleterre ce manuscrit ainsi historié. Mais le duc d'Anjou, oncle de Charles VI, fit saisir les manuscrits, et l'on ne sait s'ils furent jamais rendus à leur auteur. Le prétexte invoqué, c'était que ce livre était destiné à un ennemi du roi de France. Mais, sans doute, le duc d'Anjou avait craint aussi que l'auteur ne s'exprimât avec sévérité sur son compte. Ce prince avait des méfaits à se reprocher. Envoyé comme otage à Londres, à la place du roi Jean, il s'était enfui au mépris de la parole jurée ; à la mort de Charles V, il s'était emparé des trésors de son frère. Froissart se consola en

---

[1] Charles V, fils de Jean le Bon, né en 1337, roi de France en 1364, mort en 1380. — Son fils Charles VI naquit en 1368, fut roi en 1380, et mourut en 1422.

[2] Richard II, fils du Prince Noir, né en 1367, roi en 1377, détrôné en 1399. Epousa en premières noces Anne de Luxembourg, fille de l'empereur Charles IV ; ensuite Isabelle de France, fille de Charles VI. Emprisonné à la Tour de Londres, et ensuite à Pontefract, il fut assassiné en 1400.

composant pour Wenceslas le poème de *Meliador*[1]. Peu de temps après, le duc mourait de la lèpre, et le curé de Lestines perdait en lui son principal protecteur.

Heureusement il jouissait de la faveur et de l'estime de Gui de Blois, qui lui proposa de devenir son chapelain, et qui lui fit donner un canonicat à Chimay[2]. Froissart accepta cette offre bienveillante, et résigna sa cure de Lestines. Sa nouvelle charge lui laissait plus de loisirs que la précédente. Il accompagnait sans doute le sire de Beaumont dans ses déplacements et ses chevauchées. Mais il obtenait facilement la permission de voyager loin de lui et de continuer « ses enquestes ». Il le suivit à Blois, quand celui-ci fiança son fils unique, Louis de Dunois, à Marie de Berry[3] (29 mars 1386), et il écrivit en l'honneur de ces fiançailles une pastourelle et le poème intitulé *le Temple d'honneur*. Mais presque aussitôt il repartit pour l'Écluse[4], afin de voir les grands préparatifs qui s'y faisaient pour aller attaquer les Anglais chez eux. Là, il vit nombre de chevaliers qui avaient combattu à Rosbecque[5] et assiégé Damme. Pour compléter les renseignements qu'ils lui donnèrent, il voulut interroger aussi les bourgeois flamands, et particulièrement les Gantois, chez lesquels il s'arrêta quelque temps. Avec tous les documents qu'il avait ainsi rassemblés, il fit une étude sur les troubles de la Flandre, de 1378 à 1387. Ce travail, qui comprenait plus de trois cents chapitres, fut utilisé plus tard par son auteur pour la rédaction du second livre des *Chroniques*.

Sentant d'ailleurs qu'il était trop insuffisamment renseigné

---

[1] M. Longnon a retrouvé et publié des fragments du *Meliador*. Cf. *Romania*, t. XX, pp. 403-416.

[2] Chimay, petite ville de Belgique, province de Hainaut, arrondissement de Thuin.

[3] Louis de Dunois, fils de Gui de Blois, mort en 1391 avant son père, qui ne laissa pas de postérité. — Marie de Berry était fille de Jean, duc de Berry, troisième fils du roi Jean le Bon, qui vécut de 1398 à 1417.

[4] Port aujourd'hui ensablé, en Hollande, province de Zélande. Une flotte française y fut détruite par les Anglais le 24 juin 1340. En 1386, une autre flotte française s'y préparait à envahir l'Angleterre. Mais elle ne put exécuter ce projet, par suite des retards du duc de Berry, dont le rôle paraît assez louche dans toute cette affaire.

[5] Rosbecque, petite ville de Belgique (Flandre occidentale), où Charles VI battit (1382) les Flamands révoltés. — Damme, autrefois ville maritime importante par son entrepôt, entre l'Ecluse et Bruges ; aujourd'hui bourg intérieur de la Flandre occidentale.

sur l'histoire de la France méridionale, il résolut d'aller visiter ce pays. Il se dirigea d'abord vers Blois, pour demander au sire de Beaumont des lettres de recommandation pour les seigneurs du midi. En attendant qu'elles fussent prêtes, il chevaucha sur les bords de la Loire, et, d'aventure, il y rencontra Guillaume d'Ancenis, qui lui parla d'Olivier de Clisson [1] et des événements de Bretagne. Puis, ayant reçu de Gui de Blois des lettres et quatre lévriers pour Gaston, comte de Foix [2], il alla trouver cet illustre seigneur, en se dirigeant d'abord vers Montpellier. Arrivé à Pamiers, il apprit que le comte était à sa cour d'Orthez [3], en Béarn. Il s'y rendit en compagnie de messire Espaing de Lyon, l'un des conseillers de Gaston, et qui pour lors revenait d'Avignon. Pendant les dix jours que dura le voyage, il apprit de lui une foule d'épisodes dramatiques, dont il enrichit plus tard ses *Chroniques*. Il arriva enfin à Orthez, le 25 novembre 1388, et descendit à l'hôtel de la Lune, où Gaston l'envoya bientôt chercher.

Le comte avait cinquante-neuf ans. Sa distraction favorite pendant le jour était la chasse. « Et, dit Froissart, quant de sa chambre a miënuit venoit pour souper en la salle, devant lui avoit douze torches allumees que douze varlets portoient, et icelles douze torches estoient tenues devant sa table, qui donoient grant clarté en la salle, laquelle salle estoit pleinne de chevaliers et d'escuyers ; et tousjours estoient a foison tables drecees pour souper, qui souper vouloit... Il prenoit en toutes menestrandies grant esbatement, car bien s'y connoissoit. Il faisoit devant lui ses clercs volentiers chanter chansons, rondeaux et virelais... » Le chroniqueur avait apporté avec lui son poème de *Meliador*, et Gaston en écoutait volontiers la lecture après souper : « Et, ajoute Froissart, nul n'osoit parler, ne mot dire, car il vouloit que je fusse bien entendu, et aussi il prenoit grant soulas au bien entendre. » Après avoir assisté aux fêtes de la Saint-Nicolas et de la Noël, Froissart prit congé de son illustre protecteur,

---

[1] Olivier IV, seigneur de Clisson, né en 1336, se signala aux côtés de du Guesclin contre les Anglais; devint connétable de France en 1380, et mourut en 1407.

[2] Gaston III *Phœbus*, né en 1331, comte de Foix en 1343, mort en 1391.

[3] Orthez, alors capitale du Béarn, aujourd'hui chef-lieu d'arrondissement du département des Basses-Pyrénées.

près duquel il était demeuré douze semaines durant. Il emportait quelque chose de bien plus précieux que les quatre-vingts ducats qu'il avait reçus de Gaston. C'était l'histoire de l'expédition des Génois contre Famagouste, qu'il avait rédigée d'après les indications du sire de Valentin, et celle des guerres d'Espagne, qu'il tenait de plusieurs chevaliers gascons.

Il quittait la cour de Foix en illustre compagnie. Car il partait avec la suite du comte de Sancerre, qui était venu chercher Jeanne de Boulogne, pour qu'elle épousât le duc de Berry [1]. Ils arrivèrent à Avignon le 25 mai 1389, et ils y furent reçus par Clément VII [2], le même qui, au moment où il gouvernait l'Église de Cambrai sous le nom de Robert de Genève, avait accordé à Froissart la cure de Lestines. Le chroniqueur fit à Avignon une perte d'argent que ses compagnons se hâtèrent de réparer, et qui lui donna l'occasion de composer *le Dit du florin*. Il assista aux noces du duc de Berry, et, après plusieurs autres pérégrinations, il se trouvait à Paris quand Isabeau de Bavière [3] y fit son entrée solennelle (22 août). Il composa même une ballade pour la célébrer : pour lui, cette reine « estoit une tres vaillante dame, qui Dieu doutoit et aimoit ». S'il avait écrit plus tard, il aurait qualifié autrement cette princesse, *qui apportait en dot à la France et au roi un demi-siècle de calamités publiques*.

Cependant il était près d'atteindre sa soixantième année, et il pouvait songer à prendre du repos. Il interrompit ses pérégrinations pour rédiger le troisième livre des *Chroniques* et commencer le quatrième. Mais, abordant les événements de l'année 1385, il s'aperçut qu'il n'avait recueilli à Orthez que des données très incomplètes sur l'histoire de la Castille et du Portugal. « Ne ressoignant ne le peine, ne le travail », pour employer ses propres expressions, il partit pour Bruges, où il était assuré de trouver des négociants portugais. Là, il

---

[1] Cousine, par sa mère Aliénor de Comminges, de Gaston Phœbus, elle avait été confiée à sa tutelle.

[2] Clément VII, élu pape à Avignon, contre Urbain VI, régulièrement élu à Rome, commença le grand schisme d'Occident, et mourut en 1394. Il ne fut pas admis dans le catalogue des papes. On vit donc plus tard Jules de Médicis, successeur d'Adrien VI, régner sous le nom de Clément VII (1523-1534).

[3] Née en 1371, épousa Charles VI en 1389, mourut en 1435.

apprit que don Juan Fernando Pacheco, conseiller du roi de Portugal, était à Middelbourg[1] en Zélande, et il s'y rendit sans retard. Il n'eut pas à regretter sa peine, car le seigneur portugais « contait doulcement, arreement et voulentiers », et lui donna tous les renseignements désirables. Nous trouvons encore Froissart à Paris, le jour de la Fête-Dieu 1390, quand le sire de Craon attenta à la vie du connétable de Clisson. Au printemps de l'année 1393, il était à Abbeville, en même temps que Charles VI et le duc d'Orléans[2], et il reçut de ce dernier la somme de vingt francs d'or pour *le Dit royal*, qu'il lui avait vendu.

Malgré son âge avancé, il voulut revoir une fois encore l'Angleterre, soit pour s'instruire d'une manière plus complète de l'histoire de ce pays, soit pour y retrouver les amis et les protecteurs de sa jeunesse. Son voyage fut retardé par la mort d'Anne de Bohême, et s'accomplit enfin en 1395. Froissart emportait avec lui un exemplaire de tous les ouvrages qu'il avait composés, en même temps que des lettres de recommandation signées du duc Aubert de Bavière et d'Enguerrand de Couci[3]. Mais, en débarquant à Douvres, tout lui sembla nouveau ; il ne reconnaissait personne, et il était pour tous un inconnu. Vingt-huit ans d'absence avaient produit tant de changements ! Toutefois il retrouva son vieil ami Richard Stury, et il fut bien accueilli par Thomas de Parci, de cette illustre famille de Northumberland, qui lui avait autrefois donné l'hospitalité. L'un et l'autre s'entremirent pour lui auprès de Richard II, qui témoigna le désir de le voir. Froissart lui offrit un livre qu'il lui avait destiné, et qui « estoit enluminé, escript et historiié, et couvert de vermeil velours a dix clous d'argent dorés d'or et roses d'or au milieu, et a deux grands fermaulx dorés et richement ouvrés au milieu de roses d'or. » Le roi reçut avec bienveillance ce présent, et dit quelques paroles flatteuses au chroniqueur. Plus tard, quand Froissart prit congé de lui, il le gratifia d'un gobelet d'argent doré, pesant plus de deux marcs et contenant cent nobles : « Dont je valu

---

[1] Middelbourg, dans l'île de Walcheren, aujourd'hui chef-lieu de la province de Zélande (Pays-Bas).

[2] Louis Ier d'Orléans, fils de Charles V le Sage, né en 1372, assassiné à Paris en 1407 par les ordres du duc de Bourgogne Jean sans Peur.

[3] Enguerrand VII, sire de Couci, gendre du roi d'Angleterre Édouard III, né en 1347, mort en 1397 prisonnier des Turcs.

mieux tout mon vivant », dit le chroniqueur. Il rapportait aussi de ce voyage des renseignements historiques sur l'histoire de l'Irlande et les mœurs de ses habitants, documents qu'il tenait de Marke, roi d'armes d'Angleterre et d'Irlande.

Nous retrouvons encore Froissart à Saint-Omer, dans les premiers jours d'octobre 1396, au moment où Isabeau de France, fiancée au roi Richard II, allait lui être remise par son père Charles VI. Puis sa trace s'efface pour toujours. Nous savons qu'il avait perdu depuis un certain temps la faveur de Gui de Blois, qui d'ailleurs était obéré de dettes, et qui mourut insolvable. Il en était donc réduit aux revenus de son canonicat de Chimay, auxquels s'ajoutaient les libéralités de ses protecteurs. Le plus généreux de tous était Aubert de Bavière, qui sans doute prit soin de lui jusqu'à sa mort (1404). Froissart lui survécut-il, et atteignit-il l'année 1419, comme on l'a prétendu. Nul ne pourrait le dire. On croit savoir seulement qu'il se retira quelque temps à l'abbaye de Cantimpré, auprès du prieur Jean le Tartier, qui s'occupait lui-même de travaux historiques, et l'on affirme qu'il mourut à Chimay. Mais nul monument, nulle pierre tombale n'indique le lieu de sa sépulture.

Qu'importe d'ailleurs? Le monument qui doit sauver de l'oubli le nom de Froissart, c'est le livre de ses *Chroniques*, et, grâce à cette œuvre, il est assuré de vivre longtemps.

II. — Histoire des *Chroniques*

L'œuvre de Froissart se divise en quatre livres, qui forment autant d'ouvrages distincts, dont chacun dépasse en étendue le plus grand nombre des compositions historiques de l'antiquité et du moyen âge. Le premier et le plus important comprend les événements qui ont eu lieu entre 1325 et 1378; le second va de cette année 1378 à 1385; le troisième finit en 1388, et le quatrième s'étend de 1389 à 1400.

Le texte de ces *Chroniques* n'est pas uniforme. La diversité que l'on constate entre les divers manuscrits qui nous l'ont conservé, comporte plus que des variantes, et l'on s'est demandé si ces copies reproduisaient bien la même œuvre et venaient du même auteur. Aujourd'hui personne ne doute que nous n'ayons ici l'œuvre de Froissart, mais retouchée, corrigée, développée par l'auteur lui-même, sous des influences que nous aurons à signaler. Les trois derniers livres n'ont pas encore été suffisamment examinés à ce point de vue [1]. Mais, pour le premier livre, nous avons une magistrale étude de M. Siméon Luce, dont nous allons résumer le plus brièvement possible les conclusions.

Le premier livre a été rédigé trois fois. La première de ces rédactions a été faite entre les années 1369 et 1380. « Elle n'a pas été coulée d'un seul jet, et on y distingue aisément des soudures, qui marquent comme des temps d'arrêt dans le travail de l'auteur ». Elle a été aussi revisée dans quelques manuscrits, mais sans être remaniée à fond, de manière à constituer une nouvelle rédaction. Quand Froissart rédigea ainsi le premier livre de ses *Chroniques,* il revenait d'Angleterre, où il avait été clerc de la bonne reine Philippe, où il avait reçu l'hospitalité des plus hauts seigneurs, et où il avait fait des « enquestes » auprès des gens les plus qualifiés. Ajoutons qu'il écrivait ce premier livre, nous dit-il, « à la priere et requeste d'un mien chier seigneur et maistre, monseigneur Robert de Namur, seigneur de Beaufort, a qui je vueil devoir amour et obeïssance, et Dieu me laist faire chose qui lui puisse plaire ! » Or nous avons dit plus haut que Robert de Namur avait épousé Isabelle de Hainaut, sœur de la reine d'Angleterre. Il ne faut donc pas nous étonner que, dans cette première rédaction, Froissart soit visiblement favorable aux Anglais. Il ne faut pas non plus accuser ici le patriotisme du chroniqueur, pas plus que sa véracité et sa bonne foi : il était Hainuyer, et non pas Français, et d'ailleurs il répétait les faits tels que les Anglais les lui avaient contés. Au surplus, il se montre disposé à louer la générosité et la grandeur partout où il les trouve, et il célèbre les Français quand il sait d'eux quelque trait d'héroïsme. Ce qui distingue encore cette première forme des *Chroniques,* c'est qu'elle est copiée servilement, du moins pour la partie qui finit en 1356, sur les *Vrayes Chroniques* de Jehan le Bel. Enfin, elle présente un caractère de jeunesse et d'entrain belliqueux, que l'on ne retrouve pas au même degré dans les rédactions subséquentes. A l'époque où

---

[1] M. Kervyn de Lettenhove a cru toutefois constater que nous possédons quatre rédactions différentes du second livre et deux du troisième livre ; seul, le quatrième n'aurait été rédigé qu'une fois. Nous n'avons pas voulu résumer son travail, ne regardant pas ses conclusions comme définitives.

Froissart écrit, quelques échecs partiels n'ont pu faire pâlir le prestige de la nation anglaise. Il en est tout ébloui, et, sous cette impression, il écrit avec une verve et un éclat qu'il ne retrouvera plus. Les récits des batailles de Crécy et de Poitiers, pour ne citer que ceux-là, sont des chefs-d'œuvre qui n'ont jamais été surpassés.

La seconde rédaction doit être placée, ce semble, entre les années 1380 et 1383. Dans tous les cas, elle ne peut être reportée plus haut que 1376, puisque, dès le début, elle mentionne la mort du Prince Noir, arrivée le 16 juillet de cette même année. Cette rédaction présente deux différences sensibles avec la précédente. La langue que Froissart emploie présente plus de formes empruntées au dialecte wallon. Mais ce qu'il faut noter surtout, c'est l'esprit différent qui désormais inspire notre écrivain. Il a cessé ses relations avec Robert de Namur, et il est désormais le protégé de Wenceslas et de Gui de Blois. Or Wenceslas avait pu un moment conclure avec Édouard III un traité d'alliance contre la France. Il avait été rattaché ensuite à notre cause par la fermeté et les prévenances de Charles V; il avait même porté le deuil de ce prince, et assisté au couronnement de Charles VI. Au surplus, il ne pouvait oublier qu'il était le fils de cet héroïque Jean l'Aveugle [1], qui s'était fait tuer dans les rangs de l'armée française à la bataille de Crécy. Il avait pour la France les plus cordiales sympathies, et Froissart devait être amené à les partager. Mais, plus encore que la cour de Wenceslas, celle de Gui de Blois était propre à faire dépayser les affections de l'ancien clerc de Philippe de Hainaut, et à effacer les impressions qu'il avait rapportées de son voyage en Angleterre. Louis de Châtillon, père de Gui, avait péri, lui aussi, au désastre de Crécy. Gui avait toujours servi la France; il avait combattu les Anglais en Guyenne (1370), et il commandait l'arrière-garde de notre armée à la bataille de Rosbecque. Subissant ces nouvelles influences, et surtout celle du comte de Blois, Froissart devint facilement sympathique à la France, et la seconde rédaction présente des preuves manifestes de ce changement.

La troisième ne comprend que le tiers environ du pre-

---

[1] Jean de Luxembourg, dit l'*Aveugle*, fils de l'empereur Henri VII, né en 1296, roi de Bohême en 1310, mort en 1346.

mier livre, et elle s'arrête peu après la mort de Philippe de Valois (1350). Cette rédaction ne peut remonter au delà de l'an 1400, puisqu'elle fait allusion à la mort de Richard II, qui fut cette année même assassiné dans sa prison. Froissart ne pouvait oublier la révolte des Anglais contre Richard II, et la mort violente dont ce prince avait été la victime. Aussi parle-t-il maintenant avec sévérité de cette nation qu'il a tant admirée autrefois. Les excès de la populace d'Angleterre l'ont aussi indisposé contre les classes populaires, et il ne sait pas juger comme il le faudrait les « communiers » de Flandre, chez lesquels il y avait cependant des vertus à louer. On remarque aussi que, dans cette dernière rédaction, il a pris soin d'effacer toute trace des emprunts textuels qu'il avait faits à Jehan le Bel. Alors même qu'il puise dans les *Vrayes Chroniques* le fond de son récit, il a soin d'en varier l'expression, et de lui donner une forme littéraire qui ne fasse pas songer à l'original.

Il importait de noter ces différences sensibles qui signalent les diverses rédactions du premier livre. C'est faute de les avoir bien comprises que des critiques ont mal jugé l'œuvre de Froissart. Maintenant nous voyons clairement que s'il a changé d'opinions, s'il a modifié ses récits, ce n'est pas dans un but intéressé : loyal et véridique, il contait un fait d'après l'idée qu'il en avait pour le moment, et les derniers renseignements qu'il avait recueillis.

M. Kervyn de Lettenhove nous a donné une édition de Froissart qui comprend vingt-neuf volumes, et qui est la meilleure des éditions complètes que nous possédions en ce moment. Mais elle est, à notre avis, bien inférieure à celle que M. Siméon Luce avait commencée, et qui n'a que le défaut d'être restée inachevée [1]. Le savant historien a pris pour base de sa publication la première rédaction revisée dont nous avons parlé plus haut. C'est, à moins d'avis contraire, à cette rédaction que nous emprunterons les extraits de Froissart qui doivent paraître dans ce recueil.

---

[1] La *Romania* du mois d'avril 1893 nous annonce la bonne nouvelle que l'œuvre de M. S. Luce sera poursuivie par son éminent collaborateur, M. G. Raynaud.

III. — Froissart historien et écrivain

Il est temps d'étudier dans Froissart l'auteur des *Chroniques*. Nous ne nous attarderons pas à parler de ses poésies, dont l'étude n'entre pas dans le plan de ce livre. Nous dirons seulement qu'elles se distinguent par la grâce, l'enjouement, la facilité ; qu'elles ne le cèdent en rien aux œuvres poétiques de ce temps ; mais que, comme celles-ci, elles nous lassent bientôt par la monotonie des sujets traités et des sentiments qui y sont exprimés. Arrêtons-nous au chroniqueur.

Nous disons le « chroniqueur », et non pas « l'historien » : car Froissart ne mérite pas cette qualification dans le sens que nous lui donnons aujourd'hui. Nous demandons à un historien qu'il recueille avec soin tous les documents qui peuvent éclairer son sujet, qu'il les contrôle en les rapprochant et en les comparant, qu'il en dégage avec soin la vérité, et qu'il nous la donne ensuite de manière à fixer notre jugement sur les personnages ou les événements. Or, si Froissart a été infatigable dans ses recherches, comme nous l'avons vu, s'il n'a épargné ni son temps, ni sa peine, ni son argent, pour compléter ses informations, il ne les a pas soumises à ce contrôle nécessaire. Il recueille ses témoignages de toute main et les reproduit tels qu'il les a recueillis, sans chercher à les concilier quand ils se contredisent. Il croit remplir tout son devoir en n'inventant rien, et il a soin de rappeler souvent qu'il n'est qu'un écho fidèle, en répétant des locutions telles que celles-ci : « Comme il me fu dit, comme je fu informés. » Parfois même, quand il soupçonne la véracité du narrateur qui lui a conté un fait, il reproduit quand même son récit, mais en nous avertissant qu'il faut s'en défier. Ainsi, avant de raconter la bataille de Crécy, il dit ingénument qu'il la connait surtout par les récits des Anglais, « qui, ajoute-t-il, imaginerent bien leur convenant. » Mais il n'essaye pas de dégager la vérité des témoignages contradictoires. Il lui arrive de raconter le même événement une seconde et une troisième fois, sans plus de souci de ses récits antérieurs que s'il y était complètement étranger. M. S. Luce remarque fort bien à ce propos : « Qui n'entend qu'une cloche n'entend qu'un son, dit le proverbe : Froissart a frappé à toutes les cloches et nous fait ainsi entendre tous les sons. Son premier livre, si riche, si touffu, avec ses rédactions différentes et parfois contradictoires, avec ses variantes infinies, rappelle tout à fait ces carillons fameux des Flandres, qui ébranlent les airs par une cadence à la fois si variée et si profonde. Seulement, à la différence des carillonneurs de Bruges et d'Anvers, l'auteur des *Chroniques* n'essaye pas de fondre sous son clavier tant de timbres, tant de bruits divers. Il se contente de les noter fidèlement pour les transmettre à la postérité, laissant à celle-ci le soin d'en dégager cette harmonie de l'histoire qui s'appelle la vérité. »

Ce que nous demandons encore à l'historien, c'est d'expliquer les événements, d'en rechercher les causes et d'en montrer les relations. Il doit observer les passions de l'humanité, étudier les intérêts des nations, constater les conditions économiques où elles se trouvent, discerner les ressorts secrets de la politique, et, de toutes ces influences combinées, tirer la raison des faits. Enfin il doit faire de l'histoire une sorte de jugement général, où les bons sont loués de toutes leurs vertus, et les méchants marqués d'une juste flétrissure. Ce serait calomnier Froissart que de dire qu'il s'est borné à raconter, sans hasarder jamais une explication, sans ajouter jamais une réflexion. Mais il faut avouer que son « engin clair et aigu » ne découvre que des causes secondaires, sans discerner jamais les causes plus puissantes et plus élevées. Ainsi, il attribue la force des communes flamandes à la solidarité qu'elles gardaient entre elles, et à celle qui existait entre les riches bourgeois et les classes pauvres : « Et ainsi par cette unité qu'il orent, durerent-il en grande puissance. » Il indique aussi les causes économiques qui portaient les drapiers flamands à rechercher l'amitié de l'Angleterre. Mais il s'arrête à la surface, et ne pénètre pas jusqu'au fond de ces questions. D'ailleurs, ne soyons pas trop sévère pour Froissart, s'il n'a pas essayé une sorte de philosophie de l'histoire, comme par exemple son contemporain Villani [1]. Celui-ci était Italien, et l'Italie avait devancé la France dans sa maturité intellectuelle et littéraire. Froissart était comme les gens qu'il fréquentait : tout entier à l'impression du dehors, au *phénomène*, il donnait trop peu de

---

[1] Jean Villani, Florentin, écrivit une histoire de sa ville natale, et mourut en 1348. Son frère Matthieu et son neveu Philippe continuèrent son œuvre, mais en lui restant bien inférieurs.

temps à la méditation et à la réflexion. On a mis aussi une certaine sévérité à lui reprocher l'impassibilité qu'il garde en racontant les excès et les cruautés de ses contemporains. N'exagérons rien. Il sait parfois s'attendrir sur les misères du peuple et s'indigner à la vue d'un crime. C'est avec émotion qu'il raconte le massacre des habitants de Limoges, ordonné par le Prince Noir (1370). Il est peiné en rappelant l'exécution de l'innocent et infortuné Jean Desmarets. Il est plein de commisération pour « ces povres Juis, ars et escaciés partout, excepté en la terre de l'Eglise, dessous les clés du pape. » Et quand il voit Pierre le Cruel[1] étendu à terre, mourant sans secours, il ne peut s'empêcher de le plaindre : « Il me semble, dit-il, que ce fu pitié pour humanité. » Au surplus, cette impassibilité s'explique par la dureté des temps où il vivait. Comment le sens de la pitié ne se serait-il pas émoussé au spectacle des crimes et des horreurs de cette époque? Comment l'âme de l'historien serait-elle émue des destructions de la guerre, alors que personne n'en était excepté?

Ce que nous pouvons aussi exiger de l'historien, c'est l'exactitude dans la relation des faits, l'indication des dates, et la reproduction des noms propres de lieux ou de personnages. Sous ce rapport, il est facile de prendre Froissart en défaut. Nous avons vu que, dédaigneux des sources manuscrites, il écrivait presque toujours d'après ce qu'il avait vu par lui-même, ou d'après des renseignements oraux. Ce qu'il a observé personnellement, est fidèlement et exactement reproduit : la critique a dû le reconnaître, après avoir cru tout d'abord le prendre en défaut pour certaines particularités. Mais, quand il reproduit ce que les autres lui ont dit, il se trompe très souvent. Il lui était difficile de transcrire correctement un nom d'homme, quand il l'avait mal entendu, ou quand son interlocuteur l'avait tronqué le premier. Ne nous étonnons donc pas s'il appelle Wat Tyler[2] « Vautre Tillier », Ruy Diego, « Rhadigos »; ne soyons pas surpris que sous sa plume Badajoz devienne « Val de Yosse », et Plymouth, « Pleumonde ». Les dates sont aussi bien souvent faussées dans les *Chroniques*. Froissart a été mal renseigné par les conteurs

---

[1] Pierre Ier, le Cruel ou le Justicier, né en 1334, roi de Castille en 1350, détrôné en 1366, mort en 1368.

[2] Chef des Jacques qui marchèrent sur Londres au temps de Richard II. Il osa braver le roi en face, et fut tué par le maire de Londres (1381).

auxquels il s'adressait. Ou bien, après avoir fait une première rédaction, il voulait y introduire des détails nouvellement recueillis, et il leur a assigné une place qui ne leur convenait pas. Parfois aussi notre chroniqueur admet des faits controuvés. Il ne s'agit pas simplement de contes invraisemblables, tels que le récit des rapports du sire de Corasse avec le lutin Orton. Certains faits historiques n'ont pu se passer comme il le raconte. Ainsi, dans le récit de la bataille de Nevil-Cross, il dit que la reine Philippe d'Angleterre, régente en l'absence de son mari, se tenait non loin du champ du combat, et qu'elle voulait se faire remettre le roi David Bruce, au moment où il venait d'être fait prisonnier. Or, quand la bataille fut livrée (17 octobre 1346), la reine avait passé la mer depuis plus d'un mois pour rejoindre son mari. Toutefois ne soyons pas trop sévères pour Froissart. Comparé à Jehan le Bel, il est un modèle d'exactitude. Jean de Venette et le continuateur des *Grandes Chroniques de France* pour les règnes des trois premiers Valois, qui se trouvaient à la source des documents authentiques, ne commettent guère moins d'erreurs que lui. Ce qui a fait juger avec tant de sévérité ses inexactitudes, c'est que les érudits ont en abondance tous les documents nécessaires pour le contrôler. S'il en était de même pour tels écrivains de l'antiquité ou du moyen âge, peut-être l'épreuve serait-elle pour eux encore plus critique que pour notre chroniqueur.

D'ailleurs, il n'est pas possible de mettre en doute sa sincérité et son impartialité. Pour y croire, il suffit de lire le passage suivant, au prologue du premier livre : « J'ay ce livre hystoriié et augmenté... a le relation et conseil des dessus dis, sans faire fait, ne porter partie (c'est-à-dire sans inventer des faits, ni soutenir une cause), ne coulourer plus l'un que l'autre, fors tant que li biens fais des bons, de quel pays qu'il soient, qui par proêce l'ont acquis, y est plainnement veüs et cogneüs, car de l'oublier ou esconser, ce seroit pechiés... » S'il nous restait d'ailleurs quelque doute, il disparaîtrait bien vite à la lecture des *Chroniques*. Nous y voyons, en effet, que Froissart raconte avec la plus grande franchise des faits propres à discréditer les personnages qui lui sont les plus sympathiques. Ainsi, il nous fait connaître la cruauté d'Edouard III, qui voulait massacrer les Calésiens à cause de leur héroïque résistance, et la barbarie du Prince Noir, qui extermina les habitants de Limoges ; et pourtant, au moment où il écrivait ces lignes, il était encore partisan de l'Angleterre. Malgré le souvenir plein d'admiration qu'il a gardé de la cour d'Orthez et de Gaston de Foix, il n'omet pas de détailler les crimes de ce prince. Il use de la même liberté de langage au sujet de Richard II, qui lui avait fait un généreux accueil. D'autre part, bien que notre Charles V ne soit pas un roi « chevaleureux », un monarque batailleur selon l'idéal de Froissart, celui-ci n'en rend pas moins justice à la sage administration du prince, et aux mesures réparatrices par lesquelles il a relevé la France.

Cette impartialité se manifeste de la même manière à l'égard des peuples. Nous avons vu ce qu'il a dit de l'Angleterre et de la France, et comment, après avoir beaucoup admiré le premier de ces deux pays, il a fini par accorder toutes ses sympathies au second. « Il ignore, dit M. S. Luce, toute espèce de fanatisme ; il n'est obsédé d'aucune de ces passions de caste ou de nationalité qui offusquent la vue ou troublent le jugement. » Il n'y a qu'une nation pour laquelle il marque une antipathie décidée. Quand il parle des Allemands, il leur reproche une convoitise insatiable, un caractère fait d'insolence et de platitude, et une disposition déclarée à se donner au dernier enchérisseur. Il ne leur pardonne pas leur désir de piller la France, leurs exigences envers les gentilshommes qui tombent entre leurs mains, et qu'ils rançonnent sans merci, et leur dureté pour ceux qu'ils veulent amener à composition. D'ailleurs, quand même il serait prouvé qu'il a poussé au noir les ombres de ce portrait, il ne faisait que copier Jehan le Bel. Peut-être aussi tenait-il ses renseignements de Wenceslas de Bohême et d'Enguerrand de Couci, qui n'avaient pas eu à se louer de l'Allemagne.

On lui a reproché de n'avoir pas assez aimé les classes populaires, et d'être resté insensible à leurs souffrances et à leurs infortunes. Présentée sous cette forme absolue, l'accusation est injuste. Il blâme les princes qui ruinent leurs peuples par des exactions, et il reproche à Galéas II Visconti et aux ducs de Milan d'avoir « regné comme tyrans ». Nous avons vu avec quelle émotion il raconte les dangers encourus par les bourgeois de Calais, et le massacre des habitants de Limoges ordonné par le prince de Galles. Il loue les qualités de certains chefs populaires, tels que les deux Artevelde [1],

---

[1] Jacques d'Artevelde, chef des communes flamandes, s'unit aux Anglais contre la France, et périt dans une émeute populaire (1295-1345). — Son

Ackermann, leur successeur, et même Étienne Marcel[1]. Il rappelle avec éloges la conduite des Rochellois, qui, livrés à l'Angleterre par le traité de Brétigny[2], jurèrent de rester fidèles à la France par la pensée et par le souvenir. Mais, quand les bourgeois et les communes s'avisent de se révolter contre les grands, alors il devient sévère pour le peuple. Ces révoltes troublent le bel ordre de la société féodale et chevaleresque où il a sa place, et dont il raconte avec enthousiasme les fêtes et les prouesses. Voilà pourquoi il se montre si sévère envers les rebelles. S'il maltraite les foules dans ses jugements, c'est qu'il ne comprend pas ce que leurs revendications peuvent avoir de légitime. Les cruautés de la Jacquerie en France, et les excès de Wat Tyler et de ses bandes en Angleterre l'ont rempli d'indignation ; et, comme il ne distingue pas entre la populace et le peuple, il devient injuste envers ce dernier sans en avoir conscience.

On pourrait trouver encore dans notre chroniqueur d'autres défauts, qui empêchent de le considérer comme un historien parfait et sans reproche. Nous pourrions dire, par exemple, que l'histoire de certains pays est traitée trop sommairement et trop incomplètement : celle de l'Écosse, en particulier, présente des lacunes considérables, et n'est guère qu'une série de scènes détachées. Mais il serait injuste de trop insister sur ces défauts : il est temps de signaler les qualités éminentes qui font de Froissart le plus brillant, sinon le plus parfait de nos chroniqueurs.

« Froissart est un monde, » dit M. Siméon Luce. C'est à lui que nous devons l'image la plus vivante et la plus merveilleuse de l'Europe occidentale pendant le XIVe siècle. Sans doute cette peinture n'est pas toujours assez exacte ni assez fidèle. Mais, si nous n'avions pas les *Chroniques*,

---

fils Philippe souleva de nouveau les Flamands contre le comte de Flandre, battit ce dernier à Bruges, et fut battu à son tour par Charles VI à Rosbecque (1382). Il périt dans cette bataille. — François Ackerman *le Vieux*, né vers 1325, capitaine général de Gand après Philippe d'Artevelde, périt en 1386, victime de la vengeance d'un particulier.

[1] Étienne Marcel, prévôt des marchands de Paris, s'empara de l'autorité pendant la captivité du roi Jean, se tourna contre le Dauphin Charles, et voulait livrer la capitale à Charles le Mauvais, roi de Navarre et allié des Anglais. Mais il fut massacré avec ses complices par Jean Maillard et Pépin des Essarts, dans la nuit du 31 juillet au 1er août 1356.

[2] Traité conclu par le roi Jean le Bon avec l'Angleterre (1360), à la suite de la bataille de Poitiers. Brétigny est un hameau du département d'Eure-et-Loir, commune de Sours, arrondissement et canton de Chartres.

nous aurions perdu un élément précieux d'informations pour la connaissance d'une époque de notre histoire nationale. Nous arriverions à reconstituer les faits principaux avec les nombreux documents que nous possédons ; mais nous ne pourrions rendre aux hommes de ce temps la vie que leur a donnée Froissart, et aux récits historiques cette vivacité de couleurs qu'ils ont reçue de son magique pinceau.

Sa qualité maîtresse, c'est l'imagination, qui lui fait saisir sur le vif et reproduire avec une admirable fidélité ce qu'il a observé lui-même, ou ce qu'il a entendu raconter aux autres. Chacune des figures historiques qui apparaissent dans ses récits est rendue par des traits pittoresques et caractéristiques qui ne permettent plus de l'oublier. Cette merveilleuse aptitude à saisir les caractères fait songer involontairement à Shakespeare, qui viendra beaucoup plus tard : seulement, le poète anglais a créé lui-même les types immortels de son théâtre, tandis que le chroniqueur n'a pas inventé ses personnages, et s'est borné à leur donner le relief et la vie. Édouard III, le roi Jean, Charles V, le Prince Noir, le connétable de Clisson, Gaston de Foix, la bonne reine Philippe, la comtesse de Salisbury, et tant d'autres personnages que nous ne voulons pas énumérer, sont décrits avec une surprenante variété de couleurs et une grande habileté de pinceau. Il n'a pas cherché à idéaliser ses portraits ; mais il les a rendus plus intéressants en s'efforçant de les dessiner d'après nature. Les bourgeois de Calais [1], par exemple, n'apparaissent pas dans les *Chroniques* tels que les auteurs tragiques ou les romanciers nous les ont dépeints. Ils n'ont pas le moindre désir de mourir pour leur ville natale, et ils éprouvent au contraire une terrible peur d'être pendus. Cependant, malgré tout, ils ont le courage d'aller trouver le roi d'Angleterre. Ils n'en restent pas moins admirables pour cela, et nous savons gré à l'écrivain d'avoir peint leur caractère avec une si scrupuleuse fidélité.

De même, dans les drames si vivants qu'il fait apparaître à nos yeux, Froissart prête aux acteurs des discours d'un naturel admirable et d'une surprenante vraisemblance : ils peuvent n'avoir pas été prononcés ; mais ils sont conformes aux sentiments de ceux auxquels ils sont attribués. Sur ce

---

[1] Chef-lieu de canton du département du Pas-de-Calais, arrondissement de Boulogne.

point, il est bien supérieur à Tite-Live et aux écrivains de l'antiquité qui ont imaginé des discours historiques. A la différence de ceux-ci, qui font parler leurs héros d'une manière uniforme, il varie le ton et les sentiments d'après la condition de ses personnages. Charles V mourant s'exprime avec la dignité d'un roi ; Jean Chandos, quand il interpelle Kerlouët le Breton, avec la fierté et la décision d'un guerrier ; Jacques d'Artevelde, quand il harangue les Flamands, avec la gravité d'un homme politique propre à conduire les foules.

Il faut louer aussi dans Froissart cette variété merveilleuse qu'il apporte dans ses récits, de manière à ne jamais lasser l'attention du lecteur. Il connaissait beaucoup d'anecdotes ou de menus détails qui avaient leur intérêt, et qu'il ne pouvait raconter lui-même sans faire à chaque instant de fâcheuses digressions. Il imagine des dialogues où il se fait raconter ces événements de moindre importance ; le récit en devient plus mouvementé, et la postérité n'aura rien perdu de ce que Froissart savait. Ainsi, il arrive un jour dans la petite cité de Cassères [1] avec messire Espaing de Lyon [2], et celui-ci lui dit : « Voyez-vous ce mur ? — Oui, sire, pourquoi le dites-vous ? — Parce que vous voyez qu'il y a là un endroit plus neuf que le reste. — C'est vérité. — Or, continue Espaing, je vous dirai quelle chose y advint, et par quelle incidence cela se fit, il y a dix ans. » Et l'écrivain réussit à nous relater un épisode sans embarrasser la marche de son récit.

Mais pour les faits importants, il les raconte lui-même, et avec quelle verve et quel éclat ! Il aime par-dessus tout les récits des batailles. Il nous fait voir les bannières, les pennons et les « estramieres » qui ventilent au vent ou resplendissent au soleil ; il nous fait entendre le son des trompettes et des « claironceaux », et écouter les ménestrels « qui font leur mestier de pipes, de chalumelles et de naquaires » ; puis les épées frappent de grands coups, les haches et les maillets de fer tombent avec fracas sur les bassinets. Après la bataille, les chevaliers traitent avec honneur leurs prisonniers, et les routiers pillent et boivent sans mesure. Nous

---

[1] Aujourd'hui Cazères, chef-lieu de canton de la Haute-Garonne, arrondissement de Muret.

[2] Le conseiller de Gaston de Foix s'appelait en réalité « Espan ou Espaing du Leu », d'un fief situé dans les Basses-Pyrénées, commune d'Oraas, arrondissement d'Orthez, canton de Sauveterre.

avons vu des descriptions analogues dans Joinville ; mais elles sont presque toujours très courtes. Froissart est beaucoup plus riche et beaucoup plus abondant, et il réussit même dans les longs récits et les grands tableaux de batailles. Il surpasse Villehardouin lui-même dans l'art de disposer les armées rivales avec leurs différentes troupes, et par la précision avec laquelle il signale leurs mouvements, sans rien confondre ni rien oublier. Sainte-Beuve a fait ressortir avec raison ce mérite, en analysant le récit que Froissart nous a laissé de la bataille de Poitiers [1]. Sans paraître chercher l'art, le bon chroniqueur a atteint au grand art.

Nous croyons avoir signalé l'essentiel dans ce qui constitue le génie de Froissart. Pour en examiner toutes les faces, un volume ne suffirait pas, et nous devons nous restreindre. D. Nisard a dit du chroniqueur : « Le mérite particulier de Froissart, le trait auquel s'est reconnu l'esprit français, c'est d'avoir peint des couleurs les plus variées, ou plutôt des seules couleurs qui conviennent, une époque de la société française. Les *Chroniques* en sont l'image si fidèle et son récit suffit si complètement à sa matière, qu'il a fait de la chronique comme un genre parfait en soi, qui a devancé la venue de la littérature. Le récit dans ses traits essentiels n'a pas été surpassé. Cette partie de l'art, si difficile pour l'historien moderne, est l'habitude et comme le tour d'esprit naturel de Froissart. Depuis près de cinq siècles le Français se reconnaît à cette justesse, à cette suite du discours, à ces couleurs tempérées que mêle et varie une main habile, et dont aucune n'éblouit [2]. » Ce portrait de Froissart, si incomplet qu'il soit, nous a paru être le plus ressemblant ; c'est pourquoi nous l'avons placé à la fin de cette étude, que nous aurions voulue moins imparfaite.

Nous ne voulons pas essayer pour la langue de Froissart une étude que nous n'avons pas faite pour la langue des deux précédents chroniqueurs. Aussi bien, cette étude présenterait une difficulté toute particulière. Outre que la langue du xive siècle est un français de transition, dont les caractères

---

[1] *Causeries du Lundi*, t. XI, pp. 104-119.
[2] *Histoire de la Littérature française*, t. I, pp. 83-84, 6e édition.

n'ont pas été encore suffisamment étudiés, ni parfaitement définis, les manuscrits de Froissart présentent des particularités dialectales qui créent de nouvelles difficultés. Nous nous contenterons de signaler ici celles de ces particularités qui se présentent le plus souvent dans les extraits que nous allons donner.

Pour les voyelles : 1° $\breve{e}$ latin se diphtongue, même en syllabe fermée : *tiestes*, *fier*, *apriès*.

2° On trouve un *i* dans la terminaison de certaines formes de l'imparfait du subjonctif : *peuisse*, *peuist*, *fuissiés*, *gardaissent*, *couronnaissent*. Et, d'autre part, l'*i* disparait de certains mots où il existe en français : *glore*, *hystore*, *memore*.

3° L'*o* protonique, soit long, soit bref en syllabe ouverte, reste *o* et ne se transforme pas en *ou* : *plorer*, *volut*, *morir*, *pooit*.

4° Le suffixe *eaus*, provenant de la vocalisation de *l* après *e*, devient *iaus* dans notre texte : *biaus*, *chiaus* et *ciaus*, *yaus*.

Pour les consonnes : 1° Le *c* doux devient *ch* devant *e* et *i* : *che*, *chi*, *chil*, *anchienne*. Et, par contre, *ch* est remplacé par *c* dans les formes *bacelers*, *busce*, *couce*, *sace*.

2° Le *ch* que nous rencontrons en français devant *a* est remplacé par *c* dur : *cambre*, *canonnes*, *cargiier*.

3° Certains mots présentent un *ch* final, qui provient ordinairement d'un *c* latin : *avoech*, *clerch*, *selonch*, et aussi *euch*, où le *ch* a une autre origine.

4° Le *g* doux est employé à la place du *g* dur, et réciproquement : *longement*, *gerre*; et, d'autre part, *bourgois*.

5° Le *z* remplace l'*s* dans certains mots, tels que *maiz*, *nulz*, *eulz*, *especiaulz*.

6° On trouve *l* après des diphtongues formées d'un premier *l* vocalisé : *moult*, *aultres*, *oultre*, *cruaultés*.

7° Les consonnes *l*, *n*, *t*, sont souvent redoublées; on trouve même des dentales qui ont subi le redoublement. L'*s* est redoublée dans des cas où le vieux français l'avait simple; et elle est simple dans des mots où le vieux français la redoublait : *assisses*, *souffissans*, et, d'autre part, *desus*.

8° Entre une nasale et la liquide suivante, on omet d'intercaler une consonne, comme cela se fait en français : *tenrement*, *venrés*, *humlement*.

Mais, ce qui distingue surtout la langue de Froissart,

ce sont les deux caractères suivants, qui se rencontrent très souvent dans les *Chroniques* :

1° La distinction des formes du cas sujet de celles du cas régime, qui sont à cette époque confondues en français : *li Escot, les Escos;*

2° L'emploi des formes de l'article masculin, au cas sujet et surtout au cas régime, pour indiquer l'article féminin : *li Eglise, le glore, le mienne, le vraie information*. On trouve aussi de temps en temps les formes masculines du pronom possessif atone employées au lieu des formes féminines : *se plaisance, me âme.*

EXTRAITS DE FROISSART

I. — Prologue.

Afin que les grans merveilles et li biau fait d'armes, qui sont avenu par les grans guerres de France et d'Engleterre et des royaumes voisins, dont li roy et leurs consaulz sont cause, soient notablement registré et ou tamps present et avenir veü et cogneü, je me voel ensonniier[1] de l'ordonner et mettre en prose selonch le vraie information que j'ay eü des vaillans hommes, chevaliers et escuiers, qui les ont aidiés a acroistre, et ossi de aucuns rois d'armes[2] et de leurs mareschaux, qui par droit sont et doient estre juste inquisiteur et raporteur de tels besongnes. Voir est que messires Jehans li Biaus, jadis canonnes de Saint Lambert de Liege, en fit et cronisa a son tamps aucune cose a se plaisance;

---

[1] « S'occuper de, s'efforcer de »; verbe formé probablement sur le substantif « soing ».

[2] Le roi d'armes était chef des hérauts d'armes, ou maréchaux. Occupé à recueillir les actions d'éclat pour les faire connaître partout, il était mieux à même de renseigner un historien.

et j'ay ce livre hystoriiét[1] et augmenté a le mienne, a le relation et conseil des dessus dis, sans faire fait, ne porter partie, ne coulourer plus l'un que l'autre, fors tant que li biens fais des bons[2], de quel pays qu'il soient, qui par proëce l'ont acquis, y est plainnement veüs et cogneüs, car de l'oubliier ou esconser[3] ce seroit pechiés et cose mal apartenans[4]; car esploit d'armes sont si chierement comparét et achetét, che scevent chil qui y traveillent, que on n'en doit nullement mentir pour complaire a autrui, et tollir le glore et renommee des bien faisans, et donner a chiaus qui n'en sont mies digne.

Or ai je mis ou premier chief de mon proïsme[5] que je voel parler et trettier de grans mervelles. Voirement se poront et deveront bien tout chil qui ce livre liront et veront, esmervillier des grans aventures qu'il y trouveront. Car je croi que depuis le creation dou monde et que on se commença premierement a armer, on ne trouveroit en nulle hystore tant de merveilles ne de grans fais d'armes, selonch se quantité[6], come il sont avenu par les guerres dessus dittes, tant par terre com par mer, et dont je vous ferai en sievant[7] mention. Mais ainçois que j'en commence a parler, je voel un petit tenir et demener le pourpos de proëce, car c'est une si noble vertu et de si grant recommendation que on ne le

---

[1] On historiait un livre en l'ornant d'enluminures; Froissart a historié ses *Chroniques* en les ornant de descriptions et de tableaux historiques.

[2] « Li biens fais » est au cas sujet singulier. « Biens » est ici considéré comme adjectif, et s'accorde avec le substantif « fais ».

[3] « Cacher »: ce verbe semble formé d'après l'adjectif « escons », du latin *absconsus*.

[4] « Qui ne convient pas ». Le verbe « appartenir » est encore employé dans ce sens par les juristes.

[5] Il faut lire probablement « proème », ou, avec une s parasite « proësme », forme savante dérivée du latin *proœmium*.

[6] « Selon la longueur du livre », c'est-à-dire « à proportion de son étendue ».

[7] « Ensuite, plus tard »: du verbe « sievir », suivre.

doit mies[1] passer trop briefment, car elle est mere materiele et lumiere des gentilz hommes, et, si comme le busce ne poet ardoir sans feu, ne poet li gentilz homs venir a parfaite honneur ne a le glore dou monde sans proëce.

Or doient donc tout jone gentil homme qui se voellent avancier, avoir ardant desir d'acquerre le fait et le renommee de proëce, par quoi il soient mis et compté au nombre des preus, et regarder et considerer comment leur predicesseur, dont il tiennent leurs hyretages et portent espoir[2] les armes, sont honnouré et recommendé par leurs biens fais. Je suis seürs que, se il regardent et lisent en ce livre, que il trouveront otant de grans fais et de belles apertises d'armes[3], de durs rencontres, de fors assaus, de fieres batailles et de tous autres maniëmens d'armes, qui se descendent des membres[4] de proëce, que en nulle hystore dont on puist parler, tant soit anchiienne ne nouvelle. Et ce sera a yaus matere et exemples de yaus encoragier en bien faisant, car la memore des bons et li recors des preus atisent et enflament par raison les coers des jones bacelers, qui tirent et tendent a toute perfection d'onneur, de quoy proëce est li principaux chiés et li certains ressors[5]...

Or ne sai je mies se proëce voet encores cheminer oultre Engleterre ou reculer le chemin qu'elle a fait. Car, si com chi dessus est dit, elle a cerchiét et environné ces royaumes et ces pays dessus nommés, et regné et conversé entre les habitants une fois plus et l'autre

---

[1] « Mies » a pris ici l's adverbiale : cf. *passim* « encores, avoecques ».
[2] Première personne singulier du présent de l'indicatif de « espérer » : est employée ici adverbialement.
[3] « Prouesses » : vient de l'adjectif « apert », brave, entreprenant.
[4] « Qui proviennent des preux ».
[5] Froissart fait ici l'histoire de « proëce », qui « regna premierement ou royaume de Caldee », et qui établit enfin son règne en France et en Angleterre. En retournant en France, elle « reculerait le chemin qu'elle a fait », pour employer l'expression de Froissart, qui n'a ici aucune intention hostile à l'égard de notre pays.

mains : a sen ordenance en soit[1] ; mais j'en ay un petit touchiét pour les mervilleusetés dou monde. Si m'en tairai a tant et me retrairai a le matere dont j'ay fait mon commenchement, et declarrai assés tost par quel maniere et condicion la guerre s'esmut premierement entre les Englès et les François. Et pour che que ou temps a venir on puist savoir qui a mis ceste hystore sus[2], et qui en a esté acteres, je me voel nommer : on m'appelle, qui tant me voet honnerer[3], sire Jehan Froissart, nét de le conté de Haynau et de la bonne, belle et friche[4] ville de Valenchiennes.

(*Prologue, t. 1, seconde partie, pp. 1-7.*)

II. — La nation anglaise.

Englès sueffrent bien un temps, maiz en la fin il paient si crueusement que on s'i puet bien expliier[5], ne on ne puet jeuer a eulz. Et se lieuve et couce uns sires en trop grant peril qui les gouverne, car ja ne l'ameront ne honneront, se il n'est victorieus, et se il n'ainme les armes et la guerre a ses voisins, et par especial[6] a plus fors et a plus riches que il ne soient. Et ont celle condicion, et tiennent celle opinion et ont tous jours tenu et tenront, tant que Engleterre sera terre habi-

---

[1] « Qu'il en soit comme elle le voudra ».
[2] « Mis...sus », c'est-à-dire « composé ».
[3] « Qui » a ici le sens de « si quelqu'un ». Cette construction est encore usitée au XVIIe siècle : « Bonne chasse, dit-il, qui l'aurait à son croc. » (La Fontaine, Fables, v, 8). Froissart n'avait pas un droit strict à s'appeler « sire » : d'où la précaution oratoire qu'il emploie.
[4] L'adjectif « friche », que le chroniqueur emploie avec une visible prédilection, est apparenté sans doute au germain *frisch* : appliqué aux personnes, il signifie « gai, vif, éveillé »; avec des noms de choses, « joli, agréable, charmant ».
[5] « S'exempliier » veut dire proprement « tirer un exemple de, se conformer à. » L'auteur semble ici l'employer dans le sens de « faire l'expérience d'une chose pour s'en garder à l'avenir ».
[6] « Par especial, en special, especialment, » sont fréquemment et indifféremment employés par Froissart.

table. Et dient generaulment, et ce ont il veü par experience par trop fois que, apriès un bon roy, il en ont un qui n'est de nulle vaillance. Et le tiennent a endormi et a pesant, quant il ne voelt ensievir les œuvres de sen pere et de sen predicesseur, bon roy qui a resgné en devant de li. Et est lor terre plus plainne de riçoisses et de tous biens, quant il ont la gerre, que en temps de paix. Et en cela sont il né et obstiné, ne nuls ne lor poroit faire entendant¹ le contraire.

Englès sont de mervilleuses conditions, chaut et boullant, tos² esmeü en ire, tart apaisié ne amodé en douçour ; et se delittent et confortent en batailles et en ocisions. Convoiteus et envieus sont trop grandement sus le bien d'autrui, et ne se pueent conjoindre parfaitement ne naturelment en l'amour ne aliance de nation estragne, et sont couvert et orguilleus. Et par especial desous le solel n'a nul plus perilleus peuple, tant que de hommes mestis³, comme il sont en Engleterre. Et trop fort se different en Engleterre les natures et conditions des nobles aux hommes mestis et vilains, car li gentilhomme sont de noble et loiale condition, et li communs peuples est de fele, perilleuse, orguilleuse et desloiale condition. Et la ou li peuples vodroit moustrer sa felonnie et poissance, li noble n'averoient point de duree a euls⁴. Or sont il et ont esté un lonch temps moult bien d'acort ensamble, car li nobles ne demande au peuple que toute raison. Aussi on ne lui soufferroit point que il presist sans paiier un oef ne une poulle. Li

---

¹ Le gérondif entrait autrefois dans des locutions aujourd'hui perdues. On disait : « faire entendant », pour dire « donner à entendre » ; « par paix faisant », c'est-à-dire « en faisant la paix » ; « par payant leurs deniers », c'est-à-dire « en payant... ». Aujourd'hui on ne l'emploie plus que seul, ou précédé de la préposition « en ».
² Mis pour « tost », et signifie « promptement ».
³ Les hommes de la classe moyenne, du latin *mixtitius*.
⁴ « Ne sauraient leur résister ».

homme de mestier et li laboureur parmi Engleterre vivent de ce que il sevent faire, et li gentilhomme de lors rentes et revenues ; et se li rois les ensonnie, il sont paiiet[1] : non que li rois puist taillier son peuple, non, ne li peuples ne le vodroit ne poroit souffrir. Il y a certainnes ordenances et pactions assisses sur le staple[2] des lainnes, et de ce est li rois aidiés au desus de ses rentes et revenues ; et quant il fait gerre, celle paction on li double... Aultrement il ne poroient ne saveroient vivre, et convient bien que uns rois qui est lor sires se ordonne apriès euls[3] et s'encline a moult de lors volentés : et se il fait le contraire et mauls en viengne, mal l'en prendra.

(*Troisième rédaction, liv. I, § I, t. I. pp. 214-215.*)

III. — Mort de Robert Bruce.

Dedens celle triewe, avint que li rois Robers d'Escoce, qui moult preus avoit esté, estoit devenus viex et foibles, et si cargiés de le grosse maladie[4], ce disoit on, que mourir le convint. Quand il senti et cogneut que morir li convenoit sans retour, il manda tous les barons de son royaume ens es quelz il se fioit le plus par devant lui ; si leur dist que morir le convenoit, si qu'il veoient. Si leur pria moult affectueusement et leur carga, sour leur feaulté, qu'il gardaissent feablement son royaume en aide de David son fil ; et quant il seroit venus en eage, qu'il obeïssissent a lui et le couronnaissent a roy, et le mariassent en lieu si souffissant que a lui apertenait. En apriès, il en appella le gentil

---

[1] « Si le roi les occupe à quelque travail, il les paye pour cela ».
[2] « Entrepôt, marché ». Le mot a changé de forme comme de signification : nous disons aujourd'hui « étape ».
[3] « Il faut qu'un roi... se règle d'après leur volonté »
[4] L'auteur semble indiquer ici une maladie particulière, que d'ailleurs on n'a pu déterminer jusqu'ici.

chevalier monsigneur Guillaume de Douglas [1], et li dist devant tous les aultres : « Monsigneur Guillaume, chiers amis, vous savez que j'ai eu moult a faire et a souffrir en mon temps que j'ai vescu, pour maintenir les drois de cesti royaume. Et quand jou euch le plus a faire, je fis un veu que je n'ai point accompli, dont moult me poise. Je voai que, s'il estoit ensi que jou ewisse ma guerre achievee, par quoi je peuisse cesti royaume gouverner en pais, jou iroie aidier a guerriier les ennemis Nostre Signeur et les contraires de la foy crestienne, a mon loyal pooir. A ce point a toutdis [2] mon coer tendu, mais Nostres Sires ne l'a mies volu consentir. Si m'a donné tant a faire a mon temps, et a darrains [3] si entrepris si griefment de si grant maladie qu'il me convient morir, si com vous veez. Et puis qu'il est ensi que li corps de mi n'i poet aler, ne achiever ce que li coers a tant desiré, jou y voel envoiier le coer ou lieu del corps, pour mon veu achiever. Et pour çou que je ne sçai en tout mon royaume nul chevalier plus preu de votre corps [4], ne miex tailliét de mon veu acomplir en lieu de mi, je vous pri, très chiers et très especiaulz amis, tant com je puis, que vous cest voiage voelliés entreprendre, pour l'amour de mi, et me ame acquitter envers Nostre Signeur. Car je tieng tant [5] de vostre noblece et de vostre loyauté que, si vous l'entreprendés, vous n'en faurrés nullement ; et si en morrai plus aise, mais que ce soit par tele maniere que je vous dirai. Je voel, si tos que je serai trespassés, que vous prendez le coer

---

[1] Jacques de Douglas (Froissart l'appelle à tort Guillaume), surnommé le Bon, mourut en Castille vers 1330.

[2] « Toujours. »

[3] « A la fin ». C'est une forme dialectale pour « darien », du latin *de-ad-retro-anum* : elle a reçu l's adverbiale.

[4] « Corps » signifie ici la personne tout entière. Cf. Villehardouin, p. 20, note 1, et plus bas, au quatrième extrait de Froissart, p. 125. — Le comparatif est ici uni à son complément par « de », et non par « que ».

[5] « J'ai une si haute estime de votre noblesse... ».

de mon corps et le faites bien embasmer, et prendés tant de mon tresor que vous samblera que assés en aiiés pour parfurnir tout le voiage, pour vous et pour tous chiauz que vous vorrés emmener avoech vous; et emportés mon coer avoech vous, pour presenter au Saint Sepulcre, la ou Nostres Sires fu ensepelis, puis que li corps n'i poet aler; et le faites si grandement, et vous pourveés si souffissamment de tele compagnie et de toutes autres choses que a vostre estat apertient; et que partout la ou vous venrés, que on sace que vous emportés oultre mer, comme messagiers, le coer [1] le roi Robert d'Escoce, et a son commandement, puis qu'ensi est que li corps n'i poet aler.

Tout cil qui la estoient prisent a plorer de pitié moult tenrement. Et quand li dis messires Guillaumes peut parler, il respondi et dist : « Gentilz sires, cent mille mercis de le grande honneur que vous me faites, quant vous si noble et si grant cose et tel tresor me chargiés et recommendés. Et je ferai volentiers et de cler coer [2] vostre commandement, a men loyal pooir, jamais n'en doubtés, comment que je ne sui mies dignes ne si souffissans que pour tel cose achiever. » — « Ha! gentilz chevaliers, dist adonc li rois, grans mercis, mès [3] que vous le me creantés. » — « Certes, sires, moult volentiers, dist li chevaliers. » Lors li creanta tantost, comme loyaus chevaliers. Adonc dist li rois : « Or soit Diex graciiés, car je morrai plus a pais d'ore en avant, quant je sçai que li plus souffissans et li plus preus de mon royaume achievera pour mi ce que je ne poi onques achiever. »

Assés tost après, trespassa de cest siecle li preus

---

[1] Cf. Joinville, p. 75, note 7.
[2] « De bon cœur, de cœur joyeux ».
[3] Signifie ordinairemement « sans que, si ce n'est que », et ici, « puisque ».

Robers de Brus, roi d'Escoce. Et fu ensevelis si honnourablement que a lui affrei, selonch l'usage dou paÿs. Et fut li coers ostés et embasmés, ensi que commandé l'avoit. Si gist li dessus dis rois en l'abbeÿe de Domfremelin[1], en Escoce, très reveramment.

(*Liv. I*, § *40 ; t. I, pp. 77-80.*)

IV. — Dévouement des bourgeois de Calais.

Quant il furent ensi apparilliet, messires Jehans de Viane[2], montés sus une petite haghenée[3], car a grant malaise pooit il aler a piet, se mist devant et prist le chemin de le porte. Qui donc veïst hommes, les femmes et enfants de chiaux plorer et tordre leurs mains et criier a haulte vois très amerement, il n'est si durs coers ou monde qui n'en euist pité. Ensi vinrent il jusques a le porte, convoiiét en plains[4], en cris et en plours. Messires Jehans de Viane fist ouvrir le porte toute arriere, et se fist enclore dehors avoecques les six bourgois[5], entre le porte et les barrieres ; et vint a monsigneur Gautier[6] qui la l'attendoit, et li dist : « Messire Gautier, je vous delivre, comme chapitains de Calais, par le consentement dou povre peuple de celi ville, ces six bourgois. Et vous jur que ce sont au jour d'ui et estoient

---

[1] Dumfremlin, ville d'Écosse, comté de Fife. L'abbaye n'existe plus, et a été remplacée par une église.

[2] Jean de Vienne, défendit Calais en 1347 contre Édouard III, devint amiral de France en 1373, et périt en combattant contre les Turcs à Nicopolis, en 1396.

[3] Cheval de selle recherché par la douceur de son allure, et impropre à la chasse ou au combat.

[4] Ce mot vient du latin *planctus* ; il a le même sens que « plainte », employé plus ordinairement, et venu du participe passé féminin de *plangere*.

[5] Voici les noms de ces six héros : Eustache de Saint-Pierre, Jean d'Aire, Jacques et Pierre de Wissant, Jean de Fiennes et André d'Ardres.

[6] Gautier de Mauni, le type le plus accompli du chevalier, d'après Froissart, fit tous ses efforts pour sauver les bourgeois de Calais (mort en 1373).

li plus honnourable et notable de corps, de chevance et d'ancisserie¹ de le ville de Calais; et portent avoech yaus toutes les clés de le dite ville et dou chastiel. Si vous pri, gentilz sires, que vous voelliés priier pour yaus au gentil roy d'Engleterre pour ces bonnes gens qu'il ne soient mies mort. — Je ne sçai, respondi li sires de Mauni, que messires li rois en vorra faire, mais je vous ay en couvent que j'en ferai mon devoir. »

Adonc fu la barriere ouverte. Si s'en alerent li six bourgois, en cel estat que je vous di, avoech monsigneur Gautier de Mauni qui les amena tous bellement devers le palais dou roy, et messires Jehans de Viane rentra en le ville de Calais.

Li rois estoit à celle heure en sa cambre, a grant compagnie de contes, de barons et de chevaliers. Si entendi que cil de Calais venoient en l'arroy qu'il avoit devisét et ordonnét; si se mist hors et s'en vint en la place devant son hostel, et tout cil signeur après lui et encores grant fuison qui y sourvinrent, pour veoir chiaus de Calais ne comment il fineraient². Et meïsmement la royne d'Engleterre, qui moult enchainte estoit, sievi le roy son signeur. Evous³ venu monsigneur Gautier de Mauni et les bourgois dalés⁴ lui qui le sievoient, et descendi en la place, et puis s'en vint devers le roy et li dist : « Monsigneur, veci le representation de le ville de Calais, a vostre ordenance⁵. » Li rois se taisi tous quois⁶

---

¹ « Les plus honorables par leur mérite personnel, leur fortune et leurs ancêtres ». Nous avons dit que Froissart emploie souvent le mot « corps » pour désigner la personne elle-même. Cf. p. 122, note 4, et *passim*.

² « Ils termineraient leur mission ». « Finer », formé d'après le substantif « fin », était beaucoup plus employé que le verbe « finir », venu directement du latin *finire*. Cf. p. 25, note 1.

³ S'écrit régulièrement : « Es vous » (de *ecce-vos*), et signifie « voilà ». Cf. p. 82 : « Es ces choses vous moustre je que... »

⁴ « Près de » : du latin *de-ad-latus* (ou peut-être forme dialectale de « delés », qui vient de *de-latus*).

⁵ « A vos ordres ».

⁶ « Quois », du latin *quĕtus*, pour *quietus*, a ici un sens particulier, et signifie « silencieux », comme le contexte l'indique clairement.

et regarda moult fellement sur chiaus; car moult haoit les habitants de Calais, pour les grans damages et contraires que dou temps passét sus mer li avoient fais.

Cil six bourgois se mirent tantost en genoulz par devant le roy, et disent ensi en joindant leurs mains : « Gentilz sires et gentilz rois, vés nous chi six, qui avons esté d'ancisserie bourgois de Calais et grans marceans. Si vous aportons les clés de le ville et dou chastiel de Calais, et les vous rendons a vostre plaisir, et nous mettons en tel point que vous nous veés, en vostre pure volenté, pour sauver le demorant dou peuple de Calais ; si voelliés avoir de nous pité et merci par vostre très haute noblece. » Certes il n'i eut adonc en le place signeur, chevalier ne vaillant homme, qui se peuist abstenir de pleurer de droite pité[1], ne qui peuist en grant piece parler. Li rois regarda sus yaus très ireusement, car il avoit le coer si dur et si espris de grant courous, que il ne peut parler; et quant il parla, il commanda que on leur copast les tiestes tantost. Tout li baron et li chevalier qui la estoient, en plorant prioient, si acertes que faire le pooient, au roy qu'il en vosist avoir pité, merci ; mais il n'i voloit entendre.

Adonc parla messires Gautier de Mauni et dist : « Ha! gentilz sires, voelliés rafrener vostre courage[2]. Vous avez le nom et le renommee de souveraine gentillece et noblece. Or ne voeilliés donc faire cose par quoy elle soit noient amenrie[3], ne que on puist parler sur vous en nulle maniere villainne. Se vous n'avés pité de ces gens, toutes aultres gens diront que ce sera grant cruaultés, se vous faites morir ces honnestes bourgois,

---

[1] « D'une pitié bien légitime ».
[2] Ce mot a conservé ici son sens primitif : il signifie « cœur, sentiments », et non pas « bravoure ».
[3] « Amoindrie en quoi que ce soit » : l'auteur emploie un adverbe négatif, parce que la proposition principale est négative. C'est la même raison qui a fait mettre « ne » et « nulle » dans la proposition suivante.

qui de lor propre volenté se sont mis en vostre merci pour les aultres sauver. » A ce point se grigna li rois et dist : « Messire Gautier, souffrés vous[1], il ne sera aultrement, mès on face venir le coupe teste. Chil de Calais ont fait morir tant de mes hommes, que il convient chiaus morir ossi. »

Adonc fist la noble royne d'Engleterre grant humilité, qui estoit durement enchainte, et ploroit si tenrement de pité que on ne le pooit soustenir. Elle se jetta en jenoulz por devant le roy son signeur et dist ensi : « Ha ! gentilz sires, puis[2] que je apassai le mer par deça en grant peril, si com vous savés, je ne vous ay riens rouvét[3] ne don demandét. Or vous pri jou humlement et requier en propre don que, pour le fil sainte Marie et pour l'amour de mi, vous voelliés avoir de ces six hommes merci. »

Li rois attendi un petit de parler et regarda la bonne dame sa femme, qui moult estoit enchainte et ploroit devant lui en jenoulz moult tenrement. Se li amolia li coers[4], car envis[5] l'euist couroucie ens ou point la ou elle estoit ; si dist : « Ha, dame, je amaisse mieulz que vous fuissiés d'autre part que ci. Vous me priiés si acertes[6] que je ne le vous ose escondire ; et comment[7] que je le face envis, tenés, je les vous donne : si en faites vostre plaisir. » La bonne dame dist : « Monsigneur, très grans mercis. »

---

[1] « Se souffrir », c'est-à-dire « se taire » : employé dans ce sens par Joinville et dans tout le moyen âge.

[2] « Depuis que ».

[3] « Rouvet », du latin *rogatum*.

[4] « Le cœur s'amollit à lui », c'est-à-dire « son cœur s'amollit ».

[5] Du latin *invitus*, forme du cas sujet, signifie « malgré lui ». — Remarquons aussi dans la même phrase une accumulation de particules comme on en trouve parfois dans Froissart : « ens ou point la ou », pour signifier « au point ou ».

[6] « Si instamment ». — « Escondire » signifie « refuser », du latin *excondicere*.

[7] « Comment que », c'est-à-dire « quoique ».

Lors se leva la royne et fist lever les six bourgois, et leur fist oster les chevestres [1] d'entours les colz, et les amena avoecques lui [2] en sa cambre, et les fist revestir et donner a disner tout aise, et puis donna a çascun six nobles [3], et les fist conduire hors de l'ost a sauveté.

(*Liv. I, § 313; t. IV, pp. 59-62.*)

V. — La peste et les flagellants.

En l'an de grasce Nostre Signeur mil trois cent quarante neuf, alerent li peneant [4] et issirent premierement d'Alemagne. Et furent gens qui faisoient penitances publikes et se batoient d'escorgies [5] a bourdons et aguillons de fier, tant qu'ils desciroient leurs dos et leurs espaules. Et chantoient cançons moult piteuses de le nativité et souffrance Nostre Signeur. Et ne pooient par leur ordenance jesir que une nuit en une bonne ville, et se partoient d'une ville par compagnie tant dou plus que dou mains. Et aloient ensi par le pays faisant leur penitance trente trois jours et demi, otant que Jhesu Cris ala par terre d'ans, et puis retournoient en leurs lieus.

Si fu ceste cose commencie par grant humilité, et pour priier a Nostre Signeur qu'il vosist refraindre son ire et cesser ses verges; car, en ce temps, par tout le monde generalment, une maladie, que on claime epydimie, couroit : dont bien la tierce partie dou monde

---

[1] « Les licous, les cordes », que les héroïques bourgeois portaient à leur cou : « chevestre » vient du latin *capistrum*.

[2] Le pronom régime indirect « lui » est employé pour remplacer un nom féminin, ce qui n'est plus permis dans notre langue d'aujourd'hui.

[3] Le noble, monnaie anglaise dont la valeur a varié : en 1420, on sait que cette valeur était de 7 livres tournois, c'est-à-dire environ 56 francs 35 de notre monnaie actuelle.

[4] « Les pénitents ».

[5] « Escorgies », c'est-à-dire « lanières », forme dialectale, du latin *excŏriata*.

morut. Et furent faites par ces penitances pluiseurs belles païs de mors d'hommes[1], ou en devant on ne pooit estre venu par moïiens ne aultrement. Si ne dura point ceste cose lonch terme, car li Eglise ala au devant. Et n'en entra onques nulz ou royaume de France, car li rois le deffendi, par le inhibition et correction dou pape qui point ne volt approuver que ceste cose fust de vaille a l'ame, pour pluiseurs grans articles de raison qu'il y mist, desquels je me passerai briefment[2]. Et furent tout beneficiét et tout clerch qui esté y avoient[3], escumeniiét. Et en couvint les pluiseurs[4] aler en court de Romme pour yaus purgier et faire absorre.

En ce temps furent generalment par tout le monde pris li Juis et ars, et acquis li avoirs as signeurs desous qui il demoroient, excepté en Avignon et en le terre de l'Eglise desous les eles dou pape. Chil povre Juis, qui ensi ensaciét estoient, quant il pooient venir jusques a la, n'avoient garde de mort[5]. Et avoient li Juis sorti[6] bien cent ans en devant que, quant une maniere de gens apparroient au monde qui venir devoient, qui porteroient flaiaus[7] de fier, ensi le bailloit leurs sors, il seroient tout destruit. Et ceste esposition leur fu esclarcie, quant li dessus dit penitancier alerent yaus batant, ensi que dessus est dit.

(*Liv. I, § 331; t. IV, pp. 100-101.*)

---

[1] « De mervelleuses cessations de morts d'hommes » ! les hommes cessèrent de mourir.
[2] « Sur lesquels je ne m'étendrai pas. »
[3] Les bénéficiaires et les clercs qui avaient fait partie de ces bandes de pénitents, furent excommuniés, parce que leur exemple était plus contagieux que celui des laïques.
[4] « La plupart d'entre eux. »
[5] « N'avaient pas à se garder de la mort, n'étaient pas en danger de mort. »
[6] « Avaient appris en consultant les sorts, » du bas latin *sortire*.
[7] « Fouets, » du latin *flagellum*.

VI. — Le Prince Noir sert le roi Jean le Bon après la bataille de Poitiers.

Quant ce vint au soir, li princes de Galles dona a souper en sa loge le roy de France, mon signeur Philippe son fil[1], mon signeur Jakeme de Bourbon[2] et le plus grant partie des contes et des barons de France qui prisonnier estoient... Et toutdis servoit li princes au devant de la table dou roy, et par toutes les aultres tables ossi, si humlement que il pooit, ne onques ne se volt seoir a le table dou roy pour priiere que li rois en fesist, ains disoit toutdis que il n'estoit mies encore si souffissans que il apertenist a lui de seoir a le table de si grant prince et de si vaillant home que li corps de li estoit et que moustré avoit a le journee. Et toutdis s'engenilloit par devant le roy et disoit bien : « Chiers sires, ne voelliés mies faire simple ciere[3] pour tant se Diex n'i a hui volu consentir vostre voloir, car certainement mes sires mes peres vous fera toute l'onneur et amisté qu'il pora, et se acordera a vous si raisonnablement que vous demorrés bon amit[4] ensamble a tous jours. Et m'est avis que vous avés grant raison de vous esleecier[5], comment que la besongne ne soit tournee a vostre grét, car vous avez conquis au jour d'ui le haut nom de proëce et avés

---

[1] Philippe II le Hardi, duc de Bourgogne, quatrième fils du roi Jean le Bon, né en 1342, mort en 1404.

[2] Jacques Ier de Bourbon, comte de la Marche en 1342, mort en 1361, à la suite de la bataille de Brignais, où il avait été vaincu par les *Tard-Venus*. Il avait combattu à Crécy et à Poitiers, et était connétable de France.

[3] « Chière », du latin *cara* (le mot est d'origine grecque), signifie « tête », et par suite « mine ». Le mot « simple » veut dire ici « triste, abattu ».

[4] La forme « amit » n'est pas étymologique, et doit avoir subi une influence analogique, à moins que ce ne soit une faute de scribe.

[5] « Vous réjouir » : le verbe « esleecier » est formé du substantif « leece » du préfixe « es » et du suffixe « -ier ».

passét tous les mieux faisans de votre costét[1]. Je ne le di mies, ce saciés, chiers sires, pour vous lober[2], car tout cil de nostre partie qui ont veü les uns et les aultres, se sont par plainne sieute[3] a ce acordét, et vous en donnent le pris et le chapelet, se vous le volés porter. »

A ce point commença cescuns a murmurer, et disoient entre yaus François et Englès que noblement et a point li princes avoit parlét : si le prisoient durement et disoient communalment que en lui avoit et aroit encores gentil signeur, se il pooit longement durer ne vivre et en tel fortune perseverer.

Quant il eurent soupé et assés festiiét, selonch le point la ou il estoient, cescuns s'en ala en son logeïs avoech ses prisonniers pour reposer. Celle nuit y eut grant fuison de prisons, chevaliers et escuiers qui se rançonerent envers ciaus qui pris les avoient, car il les laissoient plus courtoisement rançonner et passer que onques gens feïssent, ne il ne les constraindoient aultrement que il leur demandoient sus leurs fois combien il poroient paiier, sans yaus trop grever[4], et les creoient legierement de ce qu'il en disoient. Et disoient communement ensi, qu'il ne voloient mies chevalier ne escuier rançonner si estroitement qu'il ne se peuist bien chevir[5] et gouvrener dou sien et servir ses signeurs selonch son estat, et chevauchier par les pays pour avancier son corps et son honneur.

(*Liv. I, §§ 397-398; t. V, pp. 63-64.*)

---

[1] C'est-à-dire les plus braves de l'armée française.
[2] « Vous tromper » : semble apparenté à l'allemand *loben*, qui signifie « louer », et a pu prendre le sens que nous donnons.
[3] « Par une pleine adhésion » : nous avons ici une forme dialectale de « suite ».
[4] Nous trouvons ici le pronom personnel proprement dit employé à la place du réfléchi : « sans se trop grever ».
[5] « Chevir » signifie « mener à bonne fin »; « se chevir » veut dire « se suffire, pourvoir à ses besoins. » Cf. p. 82, note 4.

COMMYNES

L'époque qui s'étend de la mort de Froissart (1404?) jusqu'au moment où Commynes entreprit la rédaction de ses *Mémoires* (1487) ne comprend pas un siècle, et toutefois elle a vu paraître des œuvres historiques relativement nombreuses et dignes d'être signalées. L'exemple de Froissart et le succès prodigieux de ses *Chroniques* devaient lui susciter des imitateurs, et d'ailleurs les événements de cette époque étaient assez émouvants pour passionner ceux qui en étaient les témoins, et pour donner à quelques-uns d'entre eux le désir d'en conserver la mémoire. Sans nous arrêter aux ouvrages rédigés en latin, — en donnant toutefois un souvenir au continuateur des *Chroniques de Saint-Denis* et au savant Robert Gaguin; — sans parler des auteurs de chroniques rimées en français, qui sont sans valeur historique ou littéraire, nous nous occuperons des œuvres en prose française qui sont les plus dignes d'attention.

Parmi ces œuvres, les unes sont proprement des biographies destinées à raconter les mérites d'un personnage important. Au premier rang de ces ouvrages, il faut citer le *Livre des fais et bonnes meurs du sage roy Charles V*, par Christine de Pisan, moins à cause de sa valeur intrinsèque, que de la renommée de son auteur. Ce n'est guère, à vrai dire, qu'un discours en trois parties, où elle expose les mérites de son bienfaiteur, avec le dessein hautement avoué de taire ses défauts. C'est peut-être à cette femme érudite qu'il faut attribuer aussi le *Livre des faicts du mareschal de Bouciquaut*, dont l'auteur cherche trop à montrer sa science indigeste, mais sait parfois nous intéresser par le récit d'héroïques faits d'armes. Il faut citer encore la *Chronique du bon chevalier messire Jacques de Lalaing*, dont l'auteur est peut-être Georges Chastelain, à moins que ce ne soit Olivier de la Marche; la *Chronique du bon duc*

Loys de Bourbon, par Jean Cabaret d'Orville, la *Vie d'Artus III, duc de Bretaigne, comte de Richemont et connestable de France*, par Guillaume Gruel, et enfin la *Chronique de la Pucelle d'Orléans*, par Cousinot de Montreuil, que l'on complète d'ordinaire par le *Journal du siège d'Orléans*. Mais ce dernier ouvrage n'est plus, à vrai dire, une biographie, et il nous amène à parler des chroniques proprement dites, qui sont conçues sur un plan plus vaste, et embrassent l'histoire de toute une époque.

Les chroniques du xve siècle ont été écrites par des auteurs qui sont sincères, mais non pas impartiaux. Ils vivaient dans un temps où les luttes étaient trop ardentes, et trop graves les intérêts en jeu, pour que l'historien se contentât d'être un rapporteur impassible de ce qu'il avait vu ou appris. On était alors pour le roi et pour la France contre leurs ennemis, ou bien pour la féodalité quand même, en continuant de la défendre quand elle s'alliait à l'étranger. On se rangeait du côté des Français, ou bien on adhérait au parti bourguignon.

Dans le parti français, nous rencontrons : Jean Juvénal des Ursins, archevêque de Reims, qui nous a laissé une vie de Charles VI, traduite en grande partie des *Chroniques de Saint-Denis;* Matthieu de Coucy ou d'Escouchy, qui continua Monstrelet, sans être comme lui pour les Bourguignons ; Berry, premier héraut d'armes de Charles VII, dont la chronique est sèche, décousue, mais judicieuse ; Jean Chartier, auteur d'une histoire de Charles VII, qui n'est recommandable ni par la sûreté des informations, ni par l'attrait du style ; Guillaume de Villeneuve, qui nous a raconté l'expédition de Charles VIII en Italie. Mais, parmi tous les historiens qui tenaient pour le roi de France, le plus remarquable est certainement Jehan de Troyes, auquel nous devons les *Chroniques du tres chrestien et victorieux Louys de Valois, unziesme du nom*. Cet ouvrage, souvent réimprimé, est aujourd'hui connu sous le nom de *Chronique scandaleuse*, qui lui a été donné dans l'édition de 1611, et qui n'est pas justifié.

Le parti bourguignon comprend des écrivains qui sont dans l'ensemble, sinon plus remarquables que les précédents, du moins plus goûtés de leurs contemporains et plus souvent réimprimés. C'est d'abord Monstrelet, pédant et diffus, qui a pris l'œuvre de Froissart où elle s'arrête, pour

4*

la conduire jusqu'en 1444. Puis vient Georges Chastelain, de son vrai nom Tollin, *indiciaire*, c'est-à-dire historiographe de la cour de Bourgogne, autour d'une *Grande Chronique* dont nous n'avons plus que des fragments. Nous n'avons pas non plus dans leur intégrité les *Mémoires* de Jacques du Clercq, conseiller de Philippe le Bon, et écrivain assez indépendant. Jean Lefèvre de Saint-Remy premier roi d'armes de la Toison d'Or, n'a guère fait qu'abréger Monstrelet. Il est bien inférieur à Olivier de la Marche, gouverneur de Philippe le Beau, qui écrivit pour son élève des *Mémoires* où dominent les récits de batailles et les descriptions de fêtes chevaleresques. Citons aussi le docte et emphatique Molinet, qui succéda à Chastelain dans la charge d'indiciaire, et qui nous paraît aujourd'hui ridicule, avec son style boursouflé et l'appareil de rhétorique qu'on retrouve dans toutes ses œuvres. Mais accordons une place à part aux deux auteurs anonymes du *Journal d'un bourgeois de Paris,* bien qu'ils sympathisent avec les Anglais, et que l'un d'eux ait mal jugé Jeanne d'Arc. Car ils ont le mérite de nous décrire minutieusement, avec une sincérité d'accent indiscutable, les événements de leur époque et l'état moral de Paris, dans les années qui se sont écoulées de 1409 à 1449.

Bornons-nous à ces brèves indications, sans essayer d'être complet. Ce qui distingue les chroniqueurs dont nous avons rappelé le souvenir, c'est un certain souci de l'exactitude, et un soin particulier de recourir aux monuments écrits, qu'ils insèrent souvent dans la trame du récit. C'est aussi une préoccupation constante d'imiter les écrivains de l'antiquité, qu'ils copient presque toujours maladroitement. Ils essayent bien de donner, à leur exemple, la raison des événements ; mais ils le font d'une manière si banale et si puérile, qu'ils en deviennent insupportables. Aucun d'eux n'a compris comment il fallait écrire l'histoire : Commynes a eu la gloire de le deviner et de nous l'enseigner.

I. — Vie de Commynes

Philippe de Commynes nous a raconté bien des traits de sa vie. Mais, pour diverses raisons, il en a laissé certaines particularités dans l'ombre, en sorte que, si nous n'avions que ses *Mémoires* pour nous le faire connaître, nous ne l'aurions pas tout entier. Heureusement, les érudits ont exhumé une foule de documents qui nous permettent de reconstituer dans toute son intégrité cette figure originale. Nous allons essayer de le faire brièvement, en essayant d'être aussi complet que possible dans les quelques pages dont nous pouvons disposer.

Notre chroniqueur naquit, selon toute apparence, au château de Renescure, entre Aire et Saint-Omer. La date de sa naissance n'a pu être précisée : on sait seulement qu'elle n'est pas postérieure à l'année 1445. Son père, Nicolas Colart, appartenait à la famille des Van den Clyte, qui avait donné souvent des échevins à la ville d'Ypres[1]. Mais, malgré la nature de leurs fonctions, ces bourgeois n'avaient pas voulu lutter pour la défense des libertés communales, et s'étaient rangés du parti des comtes de Flandre. Le dernier de ces puissants seigneurs, Louis de Male[2], récompensa Nicolas Colart I en le nommant son conseiller, et en le mariant à Jeanne de Wazières, dame de Commynes[3] et d'Halewin. A partir de ce moment les Van den Clyte ajoutèrent à leur nom l'appellation nobiliaire de Commynes. Ce Nicolas Colart eut deux fils, dont le second, qui avait les mêmes prénoms que lui, fut le père de notre chroniqueur. Nicolas Colart II fut successivement bailli de Cassel et de Gand, souverain bailli de Flandre, et se fit remarquer par des excès de tout genre, violant les vieilles coutumes, multipliant les exactions, ne reculant devant aucun abus. La mère de Philippe, Marguerite d'Armuyden, était morte en 1447. Son mari la suivit six ans après, laissant une succession si obérée, que le tuteur de Philippe ne l'accepta que sous bénéfice d'inventaire. Le bailli n'avait pas mieux géré les affaires du duc de Bourgogne que les siennes propres, et il

---

[1] Ville de Belgique, dans la Flandre occidentale.

[2] Louis II, comte de Flandre, né le 25 novembre 1330, à Male, près de Bruges, mort en 1384. Sa fille Marguerite épousa Philippe le Hardi, duc de Bourgogne, et lui apporta en dot la Flandre, l'Artois et la Franche-Comté.

[3] Commynes, que l'on écrit aujourd'hui Comines, est séparée en deux parties par la Lys. Sur la rive droite est la partie française, canton de Quesnoy-sur-Deule, arrondissement de Lille, département du Nord. L'autre partie, sur la rive gauche, est appelée Comines-Nord, et appartient à la Belgique, province de Flandre occidentale.

Nous avons conservé au nom du chroniqueur la graphie que lui-même employait dans sa signature et sur son sceau.

lui restait redevable de sommes importantes : plus tard, Charles le Téméraire en fit la remise à Philippe de Commynes, en récompense de services rendus. (Quittance du 14 oct. 1469.)

La succession une fois liquidée, il ne restait au jeune homme qu'une fortune d'environ 2170 livres. De cet héritage, le tuteur ne voulut distraire que 500 livres pour l'entretien de Philippe pendant sa minorité. Avec une somme si modique, il n'était pas possible de lui faire donner une brillante éducation. Commynes n'apprit ni le grec ni le latin ; plus tard il regretta vivement de ne pas connaître cette dernière langue. Mais ces regrets n'étaient sans doute pas fondés. S'il avait appris le latin tel qu'on l'enseignait à cette époque, peut-être aurait-il essayé d'imiter les auteurs de l'antiquité, avec le pédantisme et le fatras mythologique auxquels échappaient peu de ses contemporains. Au moins l'instruction rudimentaire qui lui fut donnée ne déforma pas son génie, et ses qualités natives purent se développer librement et dans toute leur spontanéité.

En 1464, Commynes fut conduit à Lille et présenté à Philippe le Bon, duc de Bourgogne[1], qui était son parrain, et qui l'attacha, en qualité d'écuyer, à la personne du comte de Charolais, si célèbre plus tard sous le nom de Charles le Téméraire[2]. Il combattit aux côtés de son maître à la bataille de Montlhéry (1465) et à la prise de Liège (1467)[3], à la suite de laquelle il fut nommé conseiller et chambellan du prince. Il se trouvait avec lui à Péronne l'année suivante, quand Louis XI vint si imprudemment se livrer à son fougueux ennemi. Il étudia en ce moment le roi de France, et constata qu'il y avait tout avantage à lui rendre service. Il le fit prévenir secrètement d'accéder à toutes les exigences du duc de Bourgogne ; quelque temps après, il fut probablement de ceux que Louis XI « embesongna » à Liège, pour obtenir la permission de regagner son royaume en liberté (1469).

---

[1] Philippe III, le Bon, duc de Bourgogne, né en 1396, succéda en 1419 à son père Jean sans Peur, et mourut en 1467 (15 juin).

[2] Charles le Hardi ou le Téméraire, fils du précédent, né en 1433, mort devant Nancy en 1477.

[3] La bataille de Montlhéry fut livrée par Louis XI au comte de Charolais : celui-ci s'attribua la victoire, bien qu'elle fût restée douteuse. — Cette fois Liège se rendit volontairement, grâce à l'autorité dont le sire d'Humbercourt jouissait auprès des Liégeois.

Il fut ensuite chargé par Charles le Téméraire de diverses missions auprès de John Wenlock[1], gouverneur de Calais, et auprès de William Hastings, grand chambellan d'Angleterre, qu'il s'agissait d'acheter moyennant une pension. Dans l'un de ses voyages, il courut de grands dangers, et il s'aperçut que le duc de Bourgogne faisait assez peu de cas de la vie de ses serviteurs. Se rappelant d'autre part la manière dont Louis XI récompensait les services, il résolut de changer de maître. On lui a reproché sévèrement cette défection. Mais, pas plus que ses contemporains, Commynes n'était guidé par des sentiments chevaleresques, et, comme eux, il mettait facilement son intérêt au-dessus des lois de l'honneur. Au reste, le duc de Bourgogne n'était-il pas vassal du roi de France, et était-ce bien trahir son seigneur que de l'abandonner pour un maître plus élevé? Enfin il gardait un amer souvenir de la manière dont il avait été traité par son suzerain. Le duc lui avait donné un coup de botte au visage; et, à la suite de cet incident, Commynes avait été chansonné et surnommé « teste bottée ». Quel que soit d'ailleurs le motif qui l'ait fait agir, il saisit la première occasion favorable pour exécuter son projet. Chargé d'aller négocier en Bretagne, puis en Aragon et en Castille, il se rendit secrètement au Plessis-lez-Tours[2]. Là, il conclut avec Louis XI un pacte dont nous ne connaissons pas les clauses : ce qui est certain, c'est qu'à partir de ce moment le roi de France devait lui donner une pension annuelle de 6000 livres tournois. Après avoir rempli les ordres du duc de Bourgogne et l'avoir rejoint, il le quitta définitivement dans la nuit du 7 au 8 août 1472, alors qu'il était campé devant Dieppe pour faire le siège de cette ville.

Transporté de fureur en apprenant la fuite de son chambellan, le duc de Bourgogne confisqua tous ses biens, et déchargea sa colère sur le pays de Caux, qu'il mit à feu et à sang. Pendant ce temps, Louis XI, que Commynes venait de rejoindre aux Ponts-de-Cé[3], le nomma son conseiller et

---

[1] John Wenlock ou Waneloc, lieutenant gouverneur de Calais en 1470, mort l'année suivante à la bataille de Tewkesbury.

[2] Le Plessis-du-Parc, aujourd'hui Plessis-lez-Tours, village d'Indre-et-Loire, près Tours.

[3] Chef-lieu de canton de Maine-et-Loire, arrondissement d'Angers, la ville des Ponts-de-Cé se compose de deux villages situés sur des îles de la Loire, et reliés entre eux, aussi bien qu'avec les deux rives du

son chambellan, le confirma dans la possession d'une pension de 6 000 livres, et lui donna la capitainerie du château de Chinon[1]. De plus, pour le dédommager de ce que lui avait enlevé Charles le Téméraire, il lui fit don de la principauté de Talmont[2] avec ses dépendances, Olonne, Château-Gaultier et Curzon, auxquelles il ajouta les seigneuries de Bran et Brandois[2]. Enfin il le maria à Hélène de Chambes, fille aînée du sire de Montsoreau, laquelle eut en dot une somme de 20 000 écus d'or, représentée par la seigneurie d'Argenton[3]. A partir de ce moment, Commynes est souvent désigné par le nom de cette terre dont il est devenu le seigneur (1473). Le roi ne borna pas là ses libéralités. Nous le voyons tantôt donner à son conseiller de quoi rebâtir son château, tantôt lui attribuer une partie des dépouilles du duc de Nemours, ou bien encore le nommer sénéchal de Poitou et capitaine du château de Poitiers.

Commynes était fait pour s'entendre avec Louis XI, dont il admirait les talents, et dont il excusait trop facilement les défauts. « Sans nul doute, dit-il de son souverain, c'estoit un des plus saiges princes et des plus subtils qui aient resgné en son temps. » Au surplus, s'il aimait l'argent, il aimait encore bien plus l'intrigue, et il prenait plaisir à s'instruire auprès d'un maitre si habile dans l'art de négocier. Il admirait ses « besongnes » et ses « pratiques », et il suivait avec un grand intérêt ses tortueuses combinaisons. D'autre part, comme il s'effaçait en tout, et comme il accomplissait de point en point les instructions du roi, il gagna vite sa confiance, et réussit à ne pas lui porter ombrage. Le roi l'admettait à sa table et le faisait coucher dans sa chambre. Il l'employait aussi à des négociations délicates. Il l'envoya en Angleterre quand il s'agit d'acheter lord Hastings, grand chambellan, qui était déjà vendu, nous l'avons vu, au parti bourguignon[4].

fleuve, par une série de ponts et de chaussées d'une longueur de trois kilomètres.

[1] Aujourd'hui chef-lieu d'arrondissement du département d'Indre-et-Loire.

[2] Chef-lieu de canton de la Vendée, arrondissement des Sables-d'Olonne, Talmont a perdu de son importance, parce que son port a disparu, par suite d'un soulèvement graduel du littoral. — Olonne et Curzon sont des bourgs du même arrondissement.

[3] Argenton-Château, chef-lieu de canton du département des Deux-Sèvres, arrondissement de Bressuire.

[4] Conseiller d'Édouard IV, William Hastings resta fidèle à son jeune fils

Il le chargea (1478) d'aller pacifier la Bourgogne, quand elle eut été réunie à la France après la mort de Charles le Téméraire. C'est encore lui qu'il choisit pour aller en Italie faire conclure une alliance entre la Toscane, le duché de Milan et Venise contre le pape Sixte IV[1]. Car Louis XI, qui voulait maintenir l'Italie divisée, ne pouvait souffrir les projets du Souverain Pontife, qui aspirait à réunir sous son sceptre tous les États italiens. Commynes ne réussit pas à intimider le pape. Mais il fit conclure un traité entre Florence et Milan, et, grâce à ses combinaisons machiavéliques, l'Italie fut en proie à des guerres intestines pour trois ans.

Il retourna en France en passant par la Savoie, et il assista, à Rumilly[2], à une assemblée de la noblesse du pays, à laquelle il fit adopter la résolution suivante : le roi de France, oncle du jeune duc Philibert[3], aurait l'administration du duché et la tutelle de son neveu jusqu'à la majorité de ce prince. Commynes retourna ensuite deux fois en Savoie pour s'assurer de la personne de Philibert, dont on avait voulu se rendre maître pour le soustraire à l'influence française.

Commynes jouit ainsi de la faveur de Louis XI jusqu'aux approches de la mort du roi. En ce moment, comme on le sait, l'ombrageux monarque ne songea plus qu'à prolonger sa vie, et il négligea tous ses conseillers pour se remettre tout entier entre les mains de son médecin Coctier[4] et de son barbier Olivier le Daim[5]. Commynes parle avec un certain mépris de ces deux personnages, qu'il s'abstient de désigner par leur nom : « Pour compaignie tenoit leans ung homme ou deux auprès de luy, gens de petite condition et assez mal

---

Édouard V, et, pour cette cause, fut mis à mort sur l'ordre de Richard III, en 1483.

[1] François d'Albescola de la Rovère, né en 1414, pape en 1471 sous le nom de Sixte IV, mort en 1484.

[2] Rumilly, aujourd'hui chef-lieu de canton de la Haute-Savoie, arrondissement d'Annecy.

[3] Philibert Ier, né en 1465, mort en 1482. N'avait que sept ans quand il perdit son père Amédée IX, et fut sous la tutelle de sa mère Yolande de France, sœur de Louis XI, jusqu'en 1478, année où elle mourut.

[4] Jacques Coctier, ou Coitier, médecin de Louis XI, et premier président de la Chambre des Comptes en 1482. Mort en 1506.

[5] Olivier le Mauvais, valet de chambre et premier barbier de Louis XI, obtint du roi la permission de changer son nom contre celui de « le Daim », devint comte de Meulan en 1477, et fut pendu en 1484.

renommez... » En recommandant ses serviteurs au Dauphin, Louis XI n'eut pas un mot pour Commynes, qui l'avait servi avec tant de dévouement et de fidélité. Son chambellan ne l'abandonna pas après sa mort, comme tant d'autres serviteurs le faisaient; il assista à ses funérailles à Notre-Dame de Cléry[1], et plus tard raconta sa fin avec une éloquence grave et émue.

Charles VIII[2], fils de Louis XI, avait treize ans quand son père mourut, et dès lors il était majeur (30 août 1483). Mais, comme il était d'une santé débile et d'une faible intelligence, le roi défunt avait jugé bon de confier sa tutelle à sa fille Anne[3], qui avait épousé Pierre de Bourbon, seigneur de Beaujeu. Le duc d'Orléans[4], les princes du sang et d'autres seigneurs qualifiés se réunirent à Amboise[5], pour aviser à restreindre le pouvoir de la régente : on lui imposa un conseil dont faisait partie le sire d'Argenton. Les états généraux, convoqués par le duc d'Orléans en septembre 1484, approuvèrent la nomination de Commynes, qui fut désigné pour siéger dans la section de Paris. Il ne resta d'ailleurs en fonctions que jusqu'au 4 janvier 1485.

Malgré son esprit délié, il ne comprenait pas tout ce qu'il y avait de fermeté et de grandeur de vues dans la personne d'Anne de Beaujeu. Il continua à conspirer avec les ducs d'Orléans et de Bourbon[6] et le comte d'Angoulême pour soustraire le roi à l'autorité de sa sœur (janvier 1487). La régente, prévenue à temps, fit arrêter les conspirateurs. Jugé le plus coupable de tous, Commynes fut conduit à Loches[7], et enfermé dans une de ces cages de fer que la tyrannie de Louis XI avait inventées pour ses ennemis. Au bout de

---

[1] Cléry-sur-Loire, aujourd'hui chef-lieu de canton du Loiret, arrondissement d'Orléans. L'église Notre-Dame était un but de pèlerinage très fréquenté du temps des Valois.

[2] Né en 1470, roi en 1483, mort en 1498.

[3] Née en 1460, régente de 1483 à 1491, morte en 1522. — Pierre II, né en 1439, sire de Beaujeu, puis duc de Bourbon (1488), mort en 1503.

[4] Louis II d'Orléans, né en 1462, roi de France sous le nom de Louis XII en 1498, mort en 1515.

[5] Aujourd'hui chef-lieu de canton d'Indre-et-Loire, arrondissement de Tours.

[6] Jean II, duc de Bourbon, connétable de France, frère aîné du sire de Beaujeu, né en 1427, mort en 1488. — Charles d'Orléans, comte d'Angoulême, né en 1459, mort en 1496 : il fut le père de François Ier.

[7] Aujourd'hui chef-lieu d'arrondissement d'Indre-et-Loire.

huit mois, il fut transféré à Paris, à la Conciergerie du Palais, où il resta encore vingt mois. Il paraît qu'il profita de cette retraite forcée pour composer une partie de ses *Mémoires*. Enfin, le 24 mars 1489, il fut condamné à perdre le quart de ses biens par la confiscation, à donner une caution de 10000 écus d'or, et à être relégué dans l'une de ses terres. Madame de Beaujeu lui fit remise de l'amende, et, cinq ou six mois après, l'exempta de son exil forcé.

C'est ici le lieu de raconter de quelle manière Commynes perdit la principauté de Talmont, dont Louis XI, nous l'avons vu, lui avait donné l'investiture. Cette principauté avait été confisquée sur la maison d'Amboise sous le règne de Charles VII; mais la confiscation avait été reconnue illégale, et la principauté restituée à Louis d'Amboise, son légitime possesseur. Ce seigneur la donna en dot à sa fille Marguerite, quand elle épousa Louis de la Trémoille[1]; mais il s'en réserva l'usufruit. Sur la fin de sa vie, circonvenu et effrayé par Louis XI, il consentit à lui vendre, moyennant 100000 écus, ces biens dont il n'avait pas cependant la propriété. Sur le prix d'achat, 10000 écus seulement furent payés, et Louis XI reçut quittance de toute la somme stipulée. Mais Louis de la Trémoille protesta énergiquement contre de pareils agissements. Louis XI avait donné la principauté à Commynes. Sur la fin de sa vie, il reconnut l'injustice de sa conduite envers la famille de la Trémoille, et fit recommander au Dauphin de lui restituer les biens confisqués, en dédommageant Commynes par un don de 2000 livres de rente. Charles VIII obéit à son père, et prescrivit la restitution de la principauté. Commynes refusa de la livrer, et recourut à tous les moyens possibles pour rester maître de Talmont. Mais, malgré toutes ses fourberies et ses violences, après dix-neuf ans de procès, il fut condamné définitivement à rendre la principauté et ses dépendances, en même temps que les revenus qu'il avait perçus jusque-là, et à payer les frais du procès, qui s'élevaient à la somme de 7811 livres parisis (4 juin 1489). Après avoir essayé de nouvelles résistances, il dut s'exécuter, sous peine de voir vendre sa terre d'Argenton.

Quand Charles VIII fut enfin délivré de la tutelle de sa

---

[1] Louis II de la Trémoille, *le Chevalier sans reproche*, né en 1460, mort à la bataille de Pavie, 1525.

sœur (juillet 1491), Commynes sortit de l'état de disgrâce qu'il supportait avec impatience. Le roi lui donna 30 000 livres, dont une partie servit à payer les frais du procès dont nous venons de parler. L'ancien conseiller de Louis XI aurait été heureux de se voir chargé de nouvelles ambassades et de négociations difficiles. Malheureusement pour lui, Charles VIII, qui avait l'imagination exaltée par les romans de chevalerie, aimait mieux guerroyer que « besongner ». Malgré les prudents avis de Commynes et d'autres sages conseillers, il voulut aller conquérir le royaume de Naples. Commynes n'hésita pas à prendre les armes, et demanda même à faire partie de l'avant-garde. En même temps, comme il possédait *Notre-Dame Sainte-Marie*, « galleace très puissante avec grant artillerie et grosses pieces, » il la fit partir des Sables-d'Olonne[1] pour rejoindre la flotte française, en station à Gênes. Le roi le retint auprès de sa personne. Puis, arrivé à Asti[2], il l'envoya comme ambassadeur à Venise, pour empêcher la puissante république de contrarier le roi de France dans ses projets. Pendant huit mois, Commynes resta accrédité auprès des Vénitiens, épiant leurs démarches, et s'efforçant de prévenir la conclusion d'une ligue entre la république, le pape et le duc de Milan. Il échoua dans son entreprise, et, constatant qu'il y allait du salut de l'armée française de quitter l'Italie au plus tôt, il vint trouver Charles VIII à Sienne, le suppliant de ne pas perdre une minute dans sa retraite. Malheureusement, le jeune roi se rit de ses craintes, et perdit un temps précieux en fêtes et en d'autres occupations. Quand l'armée française arriva à Fornoue[3], elle eut à lutter contre les forces réunies de la ligue italienne, et elle n'en triompha que grâce à la *furia francese*, devenue déjà proverbiale chez nos voisins (6 juillet 1495). Commynes conseilla de traiter avec un ennemi qui était encore sous le coup de la terreur, et réussit à conclure le traité de Verceil[4], par lequel Charles VIII abandonnait le duc d'Orléans, prétendant au Milanais (10 octobre). Malheureusement, l'entourage du roi voulut qu'une démarche fût faite auprès des Vénitiens pour les engager à adhérer au

---

[1] Aujourd'hui chef-lieu d'arrondissement de la Vendée.
[2] Dans la province actuelle d'Alexandrie.
[3] Bourg de l'ancien duché de Parme, sur la rive droite du Taro.
[4] Verceil, sur la Sesia, dans la province actuelle de Novare.

traité. Commynes, qui n'approuvait pas cette mesure, fut envoyé cependant à Venise. Le doge Barbarigo[1] refusa de lui donner une réponse immédiate, et finit par lui dire qu'il ne pouvait signer le traité de Verceil qu'après avoir consulté ses alliés. L'ambassadeur comprit qu'il était inutile de parlementer plus longtemps, et qu'il n'avait plus qu'à retourner près de son souverain. Augurant d'ailleurs que sa démarche avait déplu au duc de Milan, il alla le trouver à Vigevano (novembre 1495). Ludovic Sforza[2] prit prétexte du voyage de Commynes à Milan pour accuser les Français de duplicité, et pour refuser d'exécuter dans toute leur teneur les clauses du traité de Verceil. Ce double échec nuisit au diplomate dans l'esprit de la cour, et il fut reçu assez froidement quand il la rejoignit à Lyon à la fin de la même année.

Rentré en France, Commynes continua d'assister aux conseils du roi ; mais son rôle politique était terminé. Après la mort de Charles VIII (7 avril 1498), il essaya, mais en vain, d'entrer dans la faveur de Louis XII. Le nouveau roi ne voulut pas se souvenir de ce que Commynes avait fait pour le duc d'Orléans sous la régence d'Anne de Beaujeu, et il semblait ne pas vouloir oublier les torts du sieur d'Argenton envers le même duc. Or, pendant la retraite de Charles VIII à travers l'Italie, le duc d'Orléans aurait voulu que l'armée française s'arrêtât pour soutenir ses prétentions sur le duché de Milan[3], tandis que Commynes avait manœuvré pour qu'elle quittât l'Italie au plus tôt. Voilà ce que Louis XII ne pouvait lui pardonner. Quand le maréchal de Gyé[4], ennemi personnel de Commynes, fut tombé en disgrâce, celui-ci espéra un moment obtenir l'amitié du roi ; il n'y réussit pas, bien qu'il fût secondé dans ses tentatives par la reine Anne[5].

---

[1] Agostino Barbarigo, élu doge en 1486, resta dans cette dignité jusqu'à sa mort (1501).

[2] Louis-Marie Sforza, dit *le More*, appelé ordinairement par Commynes « le seigneur Ludovic ». Il usurpa le duché de Milan sur son neveu Jean-Galéas-Marie en 1494, et mourut en 1508.

[3] Il tenait ses droits de son aïeule Valentine, fille de Jean-Galéas Visconti, duc de Milan, laquelle avait épousé Louis Ier d'Orléans, fils de Charles V.

[4] Pierre de Rohan, sire de Luzé, créé maréchal de France en 1475, mort en 1513.

[5] Fille du duc de Bretagne François II, née en 1477, épousa Charles VIII en 1491 ; veuve en 1498, elle épousa Louis XII l'année suivante, et mourut en 1515.

Louis XII le nomma chambellan et lui attribua une pension de 1 000 livres tournois sur la généralité du Languedoc, mais sans l'appeler aux affaires.

Il se retira donc dans sa terre d'Argenton, où il occupa ses loisirs forcés à reconstruire son château, à réparer les métairies, les granges et les moulins de ses domaines, à sarcler ses vignes et à dessécher des marais. Pendant son séjour en Italie, il avait pris le goût des livres et des œuvres d'art; il le satisfit en formant une riche bibliothèque et en réunissant de belles collections. Il faisait des frais considérables pour le culte divin, et distribuait régulièrement de libérales aumônes. De plus, il venait en aide à ses vassaux, quand ils avaient été appauvris par de mauvaises récoltes. Il était aidé dans ces soins par son épouse Hélène de Chambes, la femme au grand cœur qui pendant quarante ans gouverna Argenton (1473-1516). Il avait eu d'elle un seul enfant, Jeanne, mariée à René de Brosse, comte de Penthièvre.

Nous avons vu comment un long procès l'avait forcé de rendre la principauté de Talmont à ses légitimes possesseurs. Un autre procès faillit le chasser du château d'Argenton, qui était disputé à Hélène de Chambes par son cousin Louis de Chabot. Un arrêt provisoire reconnut les droits de ce dernier, et, en attendant la sentence définitive, ordonna la saisie de la châtellenie d'Argenton et de ses revenus. Commynes et sa femme gardèrent la jouissance du château, mais à la condition de payer un revenu annuel. C'est dans cette situation précaire que notre chroniqueur mourut, le 18 octobre 1511, à l'âge de soixante-quatre ans. Il était si bien oublié que sa mort passa presque inaperçue. Ses restes furent inhumés à Paris, au couvent des Grands-Augustins, où ils demeurèrent en paix jusqu'à la révolution française. Le tombeau de Philippe de Commynes et d'Hélène de Chambes est maintenant au Louvre, dans la salle des sculptures de la Renaissance.

II. — Son autorité historique.

Commynes se trouvait dans les conditions les plus favorables pour écrire l'histoire de son temps. Il avait beaucoup vu par lui-même. D'autre part, ses missions diplomatiques l'avaient mis en relations avec les personnages les plus considérables de divers pays, et il avait pu apprendre d'eux bien des faits intéressants. Nous avons vu qu'il était allé deux fois en Angleterre, d'abord au nom de Charles le Téméraire, puis sur l'ordre de Louis XI, pour acheter les bons offices de William Hastings. Nous l'avons vu aussi visiter la cour de Bretagne, et poursuivre son voyage jusqu'en Castille et en Aragon. Il avait résidé à Dijon, chargé d'une mission pacificatrice auprès des Bourguignons. Louis XI l'avait envoyé en ambassade auprès des principales cours italiennes, et il avait été accrédité huit mois près de la république de Venise, pendant que le roi Charles VIII faisait son expédition d'Italie. Enfin, il pouvait mieux que personne connaître l'histoire des Flandres pendant le règne de Philippe le Bon et de Charles le Téméraire, et après la mort de ces deux princes.

Il était d'ailleurs merveilleusement doué pour observer les événements, et pour discerner la valeur des témoignages dont il avait à se servir. Il avait une pénétrante sagacité, qui savait scruter le fond des consciences et découvrir les ressorts les plus secrets de la politique. Ce qu'un historien superficiel n'aurait jamais trouvé de lui-même, il le voyait avec une perspicacité qu'on déjouait difficilement. Enfin, si nous nous souvenons qu'il a écrit à une époque où les événements étaient récents, et où ses facultés n'étaient pas encore affaiblies par l'âge, — comme c'est le cas pour le sire de Joinville, — nous conclurons que Commynes a dû être véridique, à moins qu'il n'ait volontairement altéré les faits.

Nous a-t-il dit ce qu'il savait, et mérite-t-il notre confiance comme historien? On lui a reproché des inexactitudes, soit relativement à des noms propres, soit par rapport aux dates et à la chronologie. Mais il ne faut pas être sévère pour lui quand il tronque des noms historiques ou géographiques : quand, par exemple, le marquis de Squilazzo est appelé par lui « Dasquelase », de Fiesque devient « Dauflicque », et le comte de Pembroke « Penebrouc »; quand l'Abruzze est devenue sous sa plume « l'Abousse », Fusina « la Chafousine », et Genzanno « Sannesonne ». Les fautes de chronologie sont plus sérieuses. Il dit, par exemple, que Louis XI rassembla les états généraux une seule fois, en l'année 1470, et ce fut en 1467 qu'eut lieu cette convocation. Il raconte que le même roi céda au comte de Charolais (1465) les villes de

Picardie qu'il avait achetées quatre cent mille écus d'or, « n'y avoit pas neuf mois » : or il y avait deux ans qu'il les possédait. Parfois aussi Commynes confond des personnages. Il nous apprend que Louis avait fait venir de Calabre un saint homme, nommé Robert ; or il s'agit ici, non pas de frère Robert[1], de l'ordre des Prêcheurs, mais de saint François de Paule. A l'en croire, Jean II, roi de Portugal[2], aurait fait trancher la tête à son beau-père ; or ce n'est pas celui-ci, qui s'appelait Ferdinand, duc de Visco, mais bien Ferdinand de Bragance, que le roi fit décapiter. Mais ces fautes sont peu nombreuses, surtout si on les compare à celles de Froissart, et il faut convenir que Commynes est ordinairement exact.

On lui a fait un autre reproche, qui semble plus sérieux : c'est de n'avoir pas dit tout ce qu'il savait, et d'avoir commis des réticences calculées. Il était trop habile diplomate pour ne pas savoir taire à propos ce qui pouvait le gêner ou le compromettre. Ainsi, il a laissé une lacune considérable dans ses *Mémoires*, en passant sous silence les dix premières années du règne de Charles VIII. C'est que pendant ce temps, nous l'avons vu, il était tombé dans la disgrâce d'Anne de Beaujeu, et qu'un procès l'avait forcé de restituer Talmont à la famille de la Trémoille. Il se tait aussi sur beaucoup de points de détail. Il a suivi le roi à Amiens au moment où celui-ci concluait le marché qui devait lui livrer le connétable de Saint-Pol[3]. Il a été certainement mêlé aux négociations qui ont amené ce marché, et il ne nous les raconte pas (1475). Peu après, Louis XI signait avec Charles le Téméraire la paix de Vervins, dont Commynes était formellement exclu, avec trois autres personnages. Le chroniqueur parle bien du traité, mais il omet la clause dont il est lui-même l'objet. Il rappelle l'exécution

---

[1] Louis XI affectionnait particulièrement frère Robert à cause de sa sainteté. — Saint François de Paule, fondateur de l'ordre des Minimes, né en Calabre en 1416, mort au Plessis-lez-Tours en 1507. C'est en 1482 qu'il était arrivé auprès de Louis XI.

[2] Fils d'Alphonse V, roi de Portugal, Jean II *le Parfait* naquit en 1455, et mourut en 1495.

[3] Louis de Luxembourg, comte de Saint-Pol, créé connétable en 1465, livré à Louis XI par Charles le Téméraire en 1475, et exécuté le 19 décembre de cette même année. Il s'était conduit de telle manière pendant sa vie, que son nom est synonyme de « traître ».

du duc de Nemours[1], mais très brièvement, et il n'a garde de raconter le procès fait à ce grand seigneur : c'est qu'il avait reçu une partie de ses dépouilles. Il omet encore de rapporter ses négociations avec Sixte IV, parce qu'elles ont été infructueuses, et qu'il n'a pas réussi à effrayer le courageux pontife. Il est très bref quand il raconte son ambassade à Venise, parce que cette fois encore il a échoué, et qu'il n'a pu déterminer Barbarigo à signer le traité de Verceil. Malgré ces omissions et d'autres encore, il raconte assez fidèlement l'histoire de son temps, et ses *Mémoires* nous présentent un tableau assez complet des événements dont l'Occident fut le théâtre pendant la seconde moitié du xve siècle.

Un historien doit encore être impartial, juger tout le monde sans acception de parti, et ne jamais falsifier la vérité pour exalter ses amis ou déprécier ses ennemis. Il semble que Commynes s'est montré presque toujours aussi équitable qu'il le devait. Lui-même nous dit qu'il ne veut parler des individus que d'après leurs mérites personnels : « Les cronicqueurs, observe-t-il, n'escripvent que les choses a la louenge de ceux de qui ilz parlent, et laissent plusieurs choses, ou ne les savent pas aucunes fois a la verité. Je me delibere de ne parler de chose qui ne soit vraye, et que je n'aye veue ou sceue de si grans personnaiges qu'ilz ne soient dignes de croire, sans avoir regard aux louenges : car il est bon a penser qu'il n'est nul prince si saige qui ne faille bien aucunes fois, et bien souvent, s'il a longue vie; et ainsi se trouveroit de leurs faictz, s'il en estoit dict tous jours la verité... » Un examen attentif de ses *Mémoires* montre qu'il est resté assez fidèle à sa résolution. Certes, s'il admire quelqu'un, c'est bien le roi Louis XI, dont il ne se lasse pas de glorifier les talents, les ruses, en un mot, ce qu'il appelle ses « vertus ». Il va jusqu'à nous dire qu'il n'a jamais « cogneu nul prince ou il y eust moins de vices que en luy. » Et cependant quel historien nous a fait connaître mieux que Commynes les ridicules, les crimes et la cruauté du soupçonneux monarque ? Ce roi qui s'enferme dans son château du Plessis-lez-Tours, dominé par la crainte

---

[1] Jacques d'Armagnac, duc de Nemours et comte de la Marche, né vers 1437, viola son serment envers Louis XI en adhérant à la *Ligue du Bien public*, et fut décapité en 1477.

de la mort au point d'oublier tout le reste ; qui met de la recherche dans sa parure et fait des dépenses folles, afin qu'on le sache encore bien vivant; qui s'entoure de mille précautions, et qui vit cependant au milieu de transes continuelles; qui « passe temps a faire et deffaire gens », de peur qu'on « ne le tienne pour mort » ; qui fait venir saint François de Paule, et se jette à ses genoux en lui demandant la vie : cette figure inoubliable, c'est Commynes qui l'a dessinée avec des traits si accentués[1]. Aucun ennemi de Louis XI n'aurait pu nous en dire plus de mal que ne l'a fait son ami d'Argenton.

D'autre part, s'il est quelqu'un qui n'ait pas les sympathies de Commynes, c'est son premier maître, ce suzerain qu'il avait quitté pour le roi de France, et dont le caractère était si opposé au sien. Cependant on n'oserait soutenir qu'il s'est montré injuste à l'égard de Charles le Téméraire. Il l'a représenté avec cet esprit aventureux et inquiet qui ne lui laissait pas de repos, cet amour de la gloire qui lui faisait désirer le péril et courir après les difficultés, cette recherche dans ses habits et dans tout son extérieur qu'il avait héritée de ses ancêtres; mais aussi avec des qualités bien louables dans un souverain : l'amour de ses sujets, l'affabilité envers tous et une libéralité bien entendue, qui ne comblait personne afin de pouvoir faire du bien à un plus grand nombre. Il dit que ce prince n'était pas cruel tout d'abord, mais qu'il le devint « avant sa mort ». Il en avait cependant reçu tel traitement qu'un Saint-Simon n'aurait pas oublié, et dont il se serait vengé amèrement en écrivant ses *Mémoires*. Il garde la même modération avec les autres personnages qui figurent dans son livre. Charles VIII et Louis XII, dont il n'a pas eu beaucoup à se louer, sont jugés avec une impartialité qui n'est guère contestable. Il n'y a guère que Briçonnet[2] et

---

[1] Il y a dans certains historiens, tels que Thomas Basin, évêque de Lisieux, Gilles de Roye et Adrien de But, des accusations très graves dirigées contre Louis XI, et dont Commynes ne parle pas. Mais c'étaient des rumeurs populaires, pour lesquelles il n'y avait pas de preuves certaines, et l'on ne peut reprocher à Commynes de les avoir négligées.

[2] Guillaume Briçonnet, appelé par Commynes « le general Briçonnet », fils d'un receveur général des finances, suivit d'abord la profession de son père. Il fut nommé par Louis XI « general » du Languedoc, puis, en 1490, évêque de Saint-Malo et surintendant général des finances. Cardinal en 1494, archevêque de Reims en 1497, il sacra Louis XII, et mourut

Étienne de Vesc, qui semblent avoir été maltraités par lui plus que de raison. Peut-être se souvenait-il que l'un et l'autre avaient contribué à lui faire perdre son procès contre la famille de la Trémoille. Peut-être aussi ses reproches étaient-ils fondés, et ces deux conseillers, incapables de diriger sagement le faible Charles VIII.

On a reproché à Commynes de s'être montré injuste envers les gens « de petit estat », et de les avoir dédaignés comme étant « bestes » et privés « de sens et cognoissance ». Mais il faut remarquer qu'il emploie les mêmes qualifications à l'égard des seigneurs ignorants, ou des princes qui ne savent pas ménager leurs sujets. Ce qu'il méprise, ce n'est donc pas « le petit estat », mais le manque d'instruction ou de prudence. Il est vrai qu'en parlant de Venise, il attribue la prospérité de la république à ce fait que la foule ne prend aucune part aux affaires. Mais, dans d'autres endroits, il sait défendre le parti du peuple. Il affirme qu'un souverain ne peut, « sinon par tyrannie et par violence, » lever des impôts sur ses sujets « sans octroy et consentement de ceulx qui le doivent payer ». Il a des expressions émues en parlant des « povres gens », des populations pressées et foulées sans merci, et il annonce des châtiments dès cette vie aux puissants qui oppriment les petits. Il serait donc injuste de dire qu'il a des préjugés nobiliaires, et il ne faut pas oublier qu'il a devancé ses contemporains dans l'estime qu'il professe pour le régime représentatif. Il se montre toujours équitable à l'égard des diverses nations qui paraissent dans ses *Mémoires*. Sans doute, comme Froissart, il a des préférences marquées pour les Français ; mais il vante au besoin les Anglais et les Suisses, pour leur bravoure et leur intrépidité. S'il constate de la rapacité chez les Allemands, les faits sont là pour affirmer qu'il a vu juste. Quant aux Italiens, il leur reproche à l'occasion leur duplicité et leur fourberie ; mais il sait, quand il le faut, leur rendre justice, et il ne manifeste à leur égard aucune animosité.

En résumé, Commynes mérite peu de reproches au point de vue de la véracité comme de l'impartialité. Si son autorité historique n'est pas au-dessus de toute contestation, du moins

---

en 1514, archevêque de Narbonne. — Étienne de Vesc, chambellan de Charles VIII, sénéchal de Beaucaire et de Nîmes, président de la Cour des comptes, duc de Nole, mort en 1501.

elle n'est pas inférieure à celle de ses contemporains. Nous allons voir sous quel rapport il les a surpassés, et en quoi il est bien supérieur à tous les chroniqueurs de son temps.

III. — Son mérite littéraire

Si Commynes n'a pas la naïveté qui nous fait aimer Joinville, ni les qualités brillantes qui donnent tant de charme aux récits de Froissart, il se recommande par un mérite d'un genre plus élevé : c'est la force de la pensée, que nous avons déjà constatée, mais à un moindre degré, dans Villehardouin. Il n'a pas, comme le chanoine de Chimay, cette curiosité qui s'attarde aux spectacles extérieurs, et se laisse prendre à la duperie des choses ; il cherche plutôt ce que les hommes redoutent de laisser voir, et il scrute les raisons et le sens des événements. Froissart excelle à peindre un drame, mais sans révéler les passions qui le font mouvoir, et sans en tirer la moralité. Commynes nous fait connaître ces passions, et, s'il néglige la mise en scène, les hommes sérieux n'en trouvent pas moins le spectacle fort intéressant. Sous les prétextes que la politique allègue, il découvre les vrais desseins ; derrière les grands événements qui absorbent l'attention des foules, il cherche les mobiles qui animent les individus ; après une grande catastrophe ou un succès éclatant, il démêle les causes qui ont pu le produire ; puis, quand il constate que la raison humaine est trop courte pour expliquer tout, il montre la main de la Providence, qui intervient pour déjouer les combinaisons les plus habiles et les plus savantes. Considérer ainsi les événements, c'est faire de l'histoire, et voilà pourquoi Commynes est le premier de nos historiens en date.

Son plaisir n'est pas de peindre de grands tableaux : il sent qu'il n'est pas suffisamment doué pour y réussir. Toutes les fois qu'il l'a entrepris, il est arrivé à de médiocres résultats. Que l'on compare son récit de la bataille de Monthléry, ou celui de la victoire de Fornoue, à celui que Froissart nous a donné du désastre de Poitiers. Autant celui-ci est admirable dans l'art de disposer les parties et lumineux dans ses descriptions, autant Commynes est indécis dans son dessin et terne dans son coloris. C'est que dans Froissart c'est l'imagination qui domine, et dans Commynes c'est la réflexion.

Mais comme le sire d'Argenton l'emporte sur son devancier par la puissance du raisonnement! Il ne peut raconter quelque événement important sans en tirer des considérations, et sans les communiquer au lecteur. Alors il se retrouve lui-même avec tous ses moyens. Il a dans ce moment une telle facilité de verve, qu'il oublie son récit pour développer ses réflexions pendant des pages, quelquefois même des chapitres entiers. S'il omet volontiers des détails en narrant un fait, il trouve toujours des développements quand il s'agit d'exposer une théorie, ou de prouver une de ses maximes favorites.

Ses réflexions sont d'ailleurs de nature très différente. Les unes sont d'un ordre élevé, et ne dépareraient pas un traité de Bossuet, ni un sermon de Bourdaloue. L'idée qui revient alors le plus souvent sous la plume de Commynes, c'est que la Providence gouverne toutes choses, qu'elle se joue des rois comme des sujets, qu'elle châtie et récompense tôt ou tard ceux qui l'ont mérité, et que c'est sagesse de se laisser conduire par elle. Pour lui, la ruine de Charles le Téméraire n'a pas d'autre explication que celle-ci : « Toutes les graces et honneurs qu'il avoit receuz en ce monde, il les estimoit toutes proceder de son sens et de sa vertu, sans les attribuer a Dieu, comme il debvoit... » Il faut lire d'ailleurs tout le chapitre où il rappelle les vicissitudes de la maison de Bourgogne, qu'il a vue si glorieuse et si puissante, et qui maintenant est à la merci de ses voisins. Comme il devient éloquent, en parlant de la ruine de « ce grant et sompvieux edifice, ceste puissante maison qui a tant soustenu de gens de bien et nourry, et tant esté honnoree et près et loing, et par tant de victoires et gloires, que nul autre a l'environ n'en receut de son temps! » (Liv. V, ch. IX). Et quel beau chapitre de morale chrétienne, que celui où Commynes disserte « sur les malheurs qui arrivent aux grans et aux petiz! » (Liv. V, chap. XIX). « Les plus grans maulx, dit-il dans un passage, viennent voulentiers des plus fors ; car les foibles ne cherchent que patience. » Alors, au sujet des princes et des grands de ce monde, il se pose cette question : « Et quelles sont les causes pourquoy ils commettent, et eulx et tous aultres, ces cas dont j'ay parlé cy dessus, et assez d'aultres dont je me suis teu par briefveté, sans avoir consideration de la puissance divine et de sa justice ? En ce cas, je dis que c'est par faulte de foy, et, aux ignorans, faulte de sens et de foy ensemble ; mais principallement faulte de foy, dont il me semble que procedent tous les maulx qui sont par le monde, et par especial les maulx qu'ont partie de ceulx qui se plaignent d'estre grevez et foullez d'aultruy et des plus fors. » Il faudrait citer tout le passage. Du moins nous reproduirons le suivant, où Commynes parle du jugement et de la punition qui attendent ces seigneurs, aussi coupables qu'ils sont puissants : « J'ay demandé... qui fera l'information des grans et qui le portera au juge, et qui sera le juge qui pugnira le mauvais. L'information sera la plaincte et clameurs du peuple, qu'ilz foullent et oppressent en tant de manieres, sans en avoir compassion ne pitié ; les douloureuses lamentations des veufves et orphelins dont ils auront faict mourir les maris et peres, dont ont souffert ceulx qui demourent après eulx ; et generallement tous ceulx qu'ilz auront persecutez, tant en leurs personnes que en leurs biens : cecy sera l'information, et leurs grans crys pour plainctes et piteuses larmes les presenteront devant Nostre Seigneur qui en sera le vray juge, et, par adventure, ne vouldra attendre a les pugnir jusques a l'autre monde, mais les punira en cestuy cy. Donc fault entendre qu'ilz seront pugnis pour n'avoir voulu croire, et pour ce qu'ilz n'auront eu ferme foy et creance es commandemens de Dieu. »

A côté de ces belles considérations, qui dénotent dans Commynes un sens vraiment chrétien, il en est d'autres qui le font voir comme un politique hors de pair, un digne précurseur de Montesquieu. Il devine les avantages et la nécessité d'un équilibre européen, tout en croyant que la Providence s'est chargée de l'établir : « Et n'est pas cette nation seule (il s'agit des Gantois) a qui Dieu ait donné quelque aiguillon ; car au royaulme de France a donné pour opposite les Anglois ; aux Anglois a donné les Escossois ; au royaulme d'Espaigne, Portingal... Aux princes d'Italie,... lesquelz dominent assez cruellement et violentement sur leurs peuples quant a lever denier, Dieu leur a donné pour opposite les villes de communaulté[1] qui sont audict pays d'Italie, comme Venise, Florence, Gennes, quelquefois Boulongne, Senes, Lucques et aultres, lesquelles, en plusieurs choses, sont opposites aux seigneurs et les seigneurs a eulx, et chascun a

---

[1] C'est-à-dire « les républiques ». Celles qui sont citées ici sont bien connues, et tout le monde lira facilement « Gênes, Bologne et Sienne ».

l'œil que son compagnon ne s'accroisse... » (Liv. V, ch. XVIII). Il félicite aussi l'Angleterre d'avoir un régime représentatif : « Chez les Anglois, le roy ne peult entreprendre la guerre sanz assembler son parlement, ce qui est chose très juste et très saincte, et en sont les roys plus fors et mieulx servis... ». Et il s'élève contre ceux qui combattent la réunion des états généraux en France : « Et disoient quelques ungz de petite condition et de petite vertu... que c'est crime de leze majesté que de parler d'assembler estatz et que c'est pour diminuer l'auctorité du roy... Mais servoient ces parolles et servent a ceulx qui sont en auctorité et credit, sans en riens l'avoir merité et qui ne sont point propices d'y estre et n'ont acoustumé que de fleureter en l'oreille et parler de choses de peu de valleur : et craignent les grans assemblees de paour qu'ilz ne soient cogneuz ou que leurs œuvres ne soient blasmees. » (Liv. V, ch. XIX). Comparant l'Allemagne, divisée alors en une foule de principautés presque indépendantes, à la France, qui est unie sous un seul sceptre, il fait remarquer les avantages de la cohésion et de la concentration des forces.

Si Commynes est irréprochable dans les considérations générales dont nous venons de parler, il n'en est pas de même quand il descend aux détails de la vie pratique. Alors il est tel de ses avis qui est encore bon à suivre, parce qu'il est dicté par l'expérience ou le bon sens. Quand il recommande à un prince, par exemple, de ne jamais aller négocier en personne, on ne peut que louer Commynes de donner un conseil si prudent. Mais trop souvent ses leçons violent les lois de la morale la plus élémentaire. Lui qui nous a montré le gouvernement de la Providence s'exerçant en tout et sur tous les êtres, agit comme si tout dépendait de la ruse et de la fourberie. Lui qui nous a parlé des châtiments que Dieu inflige aux coupables dès cette vie, raisonne maintenant comme si aucune justice supérieure ne veillait sur l'univers. Pour lui, la fin justifie les moyens. « Ceulx qui gaignent ont tousjours l'honneur, » et pourvu que l'on réussisse, on est absous. Il faut le pratiquer quelque temps avant de le bien comprendre : on s'aperçoit alors que pour lui le mot « sagesse » signifie *sagacité*, mais aussi *fourberie* ; que la « finesse » est souvent *ruse* et *artifice* ; et que « l'habileté » devrait s'appeler proprement *tromperie*. On finit par ne plus s'étonner quand il dit que Louis XI a eu plus de vertus qu'homme de son temps. C'est encore Commynes qui appelle Louis Sforza un « homme très saige », bien qu'il dise de lui dans un autre endroit : « Il estoit bien souple quant il avoit peur, et homme sans foy s'il voyait son profit pour la rompre. » Il regarde comme une vraie faute la trahison inspirée par la vengeance, mais non celle qui vient de « sens » et de « cautele ». On ne saurait blâmer personne de quitter un maître pour un autre, s'il y a eu « marchandise ». Le connétable de Saint-Pol a été « très saige » tant qu'il s'est contenté de tromper à la fois le roi de France et le duc de Bourgogne. Mais il a cessé de l'être quand il a oublié que les princes, s'ils achètent volontiers un traître, veulent n'avoir rien à redouter de lui. Quant au mensonge, il se le permet avec la plus grande facilité : autrement il ne serait pas le disciple de Louis XI, qui ne se croyait pas tenu à un serment quand il l'avait prêté sur de fausses reliques. La corruption procurée avec de l'argent est aussi chose irréprochable à ses yeux : s'il est permis de se vendre comme il l'a fait, comment ne serait-il pas licite d'acheter quelqu'un ? En un mot, Commynes manifeste si peu de scrupules sur le choix des moyens quand il faut arriver à un but, qu'on a pu supposer qu'il avait été le maître de Machiavel, et qu'il lui avait inspiré les maximes dont le livre du *Prince* est rempli[1]. Si cette hypothèse n'est pas fondée, et si d'ailleurs il a été dépassé de beaucoup, au point de vue de l'improbité politique, par l'astucieux Italien, n'est-ce pas quelque chose d'infamant d'avoir pu passer pour le précepteur d'un tel disciple ?

C'est cependant ce même Commynes qui a pu dire, lorsqu'il écoutait sa foi : « Et qui bien y penseroit, c'est miserable vie que la nostre de tant prendre de peine et de travail pour s'abreger la vie en disant tant de choses opposites aux pensees. » Et c'est l'admirateur de Louis XI qui a laissé échapper le conseil suivant à l'égard des grands du siècle : « C'est asscavoir moins se soucier et moins se travailler et entreprendre moins de choses : plus craindre a offenser Dieu et a persecuter le peuple et leurs voisins, par tant de

---

[1] Nicolas Machiavel, né en 1469, mort en 1527. Quand Commynes est allé à Florence en 1494, il a bien pu y rencontrer Machiavel. Mais il faudrait prouver qu'ils ont eu des relations étroites. D'ailleurs, les Italiens de cette époque étaient plus propres encore que Commynes à enseigner l'art de tromper et de mentir. Enfin, il paraît que Machiavel n'aurait eu qu'en 1513 la première idée du *Prince* et des *Discours*.

voyes cruelles que assez ay desclarees par cy devant et prendre des ayses et plaisirs honnestes ! »

Commynes n'a pas la langue colorée, vivante, expressive de Froissart, mais un style simple, sans relief, parfois un peu diffus. Ce style a du moins le mérite, assez nouveau pour cette époque, d'exprimer les idées abstraites et de servir au raisonnement. « La langue de Froissart, a dit D. Nisard, est surtout descriptive. Elle s'arrête aux contours et aux couleurs des choses qui se voient. Même quand elle peint les passions, elle n'en exprime que les signes extérieurs et la pantomime. La curiosité de Commynes est d'une autre sorte. Elle s'attache surtout aux choses qui ne se voient pas, aux volontés et aux pensées. De là, dans sa langue, au lieu des vives couleurs de la description, les nuances délicates de la réflexion. C'est encore de la peinture, mais transportée des actions aux intentions, des effets aux causes. La prose française semble entrer plus avant et d'un pas plus ferme dans le monde moral. Nous la voyons s'accroître et s'enrichir de moment en moment, soit de ce que découvre le sagace conseiller dans les âmes violentes et profondes de ses maîtres, soit de ce qu'il démêle de ses propres sentiments dans la voie glissante où marche le confident des princes, entre la faveur qui vient plus de caprice ou d'habitude que d'estime, et la disgrâce où l'on tombe plus souvent par ses qualités que par ses défauts [1]. »

La gravité est la note dominante de ce livre, digne d'un moraliste qui fut en même temps un diplomate. Mais de temps en temps apparaissent des traits ironiques, qui égayent un récit trop sévère et d'un ton trop soutenu. En racontant la bataille de Montlhéry, Commynes rapporte qu'il n'eut jamais moins peur que dans cet engagement, par la raison qu'il était jeune et qu'il ne se doutait pas des périls qu'il courait. A un certain moment du combat, l'armée du roi de France et celle du duc de Bourgogne, chacune de son côté, se croyaient battues. Dans l'une, il y eut un « homme d'estat » qui s'enfuit jusqu'à Lusignan, en Poitou ; du côté du comte de Charolais, « ung aultre homme de bien » se sauva jusqu'au Quesnoy, en Hainaut. Et Commynes ajoute malicieusement : « Ces deux n'avoient garde de se mordre l'ung l'aultre. » Ailleurs, parlant d'un « signet », c'est-à-dire d'un

---

[1] D. Nisard, *Histoire de la Littérature française*, t. I, pp. 132-133.

sceau que Charles le Téméraire portait à son pourpoint, et qui lui fut enlevé après sa mort, il dit : « Celluy qui luy osta luy fut mauvais varlet de chambre. » Il conte aussi avec la plus aimable malice cette fable qui nous recommande de ne pas vendre la peau de l'ours avant de l'avoir tué, et l'on se demande si, dans ce récit, il a été vraiment surpassé par la Fontaine.

La finesse de Commynes lui a fait trouver aussi plusieurs expressions heureuses, qui charment d'autant plus qu'elles semblent n'avoir pas été cherchées. Parlant du traité de Conflans, où certains seigneurs furent particulièrement favorisés par Louis XI, il fait cette réflexion : « Il n'y eut jamais de si bonnes nopces, qu'il n'y en eust de mal disnez. » C'est lui qui nous dit encore, à propos de Charles le Téméraire, que « la gloire lui monta au cœur », et de Louis XI, s'obstinant à chevaucher malgré ses souffrances, que « son grant cœur le portoit ». Telles de ses manières de dire nous paraissent aujourd'hui fort vulgaires. Mais, au temps de Commynes, c'était une métaphore assez originale que celle-ci : « River le clou à quelqu'un. » D'ailleurs ces trouvailles sont assez rares, et si le style de Commynes est ordinairement soutenu, il faut avouer que le trait y fait trop souvent défaut.

Commynes n'est pas sans doute le plus sympathique des quatre chroniqueurs que nous avons étudiés. Ses trois devanciers, à des titres différents, rappellent mieux les qualités ou les défauts propres aux Français. Nos préférences vont à la franchise et à la loyauté du caractère, à la naïveté et à l'éclat du style, plutôt qu'à l'habileté et à l'astuce, à la réflexion, aux pensées graves et aux maximes de la sagesse humaine. Tel qu'il est cependant, Commynes ne doit pas être dédaigné, et il peut être lu avec profit. Il suffira de rejeter la morale qu'il avait apprise à l'école de Louis XI, pour ne s'attacher qu'aux sentences chrétiennes et aux considérations élevées que l'on peut rencontrer dans ses œuvres. En cela nous imiterons Bossuet, qui lisait volontiers les *Mémoires* de Commynes, et qui peut-être y a trouvé quelques-unes de ses plus belles inspirations.

EXTRAITS DE COMMYNES

I. — Prologue.

Monseigneur l'archevesque de Vienne [1], pour satisfaire a la requeste qu'il vous a pleu me faire de vous escripre et mettre par memoire ce que j'ay sceu et congneu des faictz du feu roy Loys unziesme, a qui Dieu face pardon, nostre maistre et bienfaicteur, et prince digne de très excellente memoire, je l'ay faict le plus près de la verité que j'ay peu et sceu avoir la souvenance.

Du temps de sa jeunesse ne sçauroye parler, sinon pour ce que je luy en ay ouy parler et dire; mais depuis le temps que je vins en son service, jusques a l'heure de son trespas, ou j'estoye present, ay faict plus continuelle residence avec lui que nul aultre de l'estat a quoy je le servoye, qui pour le moins ay tousjours esté des chambellans, ou occupé en ses grans affaires. En luy et tous aultres princes que j'ay congneu ou servy, ay congneu du bien et du mal : car ilz sont hommes comme nous. A Dieu seul appartient la perfection. Mais quant a ung prince la vertu et bonnes conditions precedent les vices, il est digne de grant memoire et louenge : veu que telz personnaiges sont plus enclins en toutes choses voluntaires [2] que aultres hommes, tant pour la nourriture [3] et petit chastoy que ilz ont eu en leur jeunesse, que pour ce que, venans en l'aage d'homme, la pluspart

---

[1] Angelo Cato, né en Italie, au diocèse de Bénévent, fut attaché d'abord aux princes de la maison d'Anjou, puis à Charles le Téméraire, et enfin à Louis XI, qui appréciait sa science divinatoire, et qui le nomma son médecin et son aumônier. Devenu archevêque de Vienne en 1482, il mourut en 1497.

[2] « A suivre leur volonté. »

[3] « Nourriture » signifie dans Commynes « éducation ». « Chastoy » marque la « correction ».

des gens taschent a leur complaire, et a leurs complexions et conditions.

Et pour ce que je ne vouldroye point mentir, se pourroit faire que en quelque endroict de cest escript se pourroit trouver quelque chose qui du tout ne seroit a sa louenge; mais j'ay esperance que ceulx qui le liront considereront les raisons dessus dictes. Et tant ose je bien dire de luy, a son loz, qu'il ne me semble pas que jamais j'aye congneu nul prince ou il y eust moins de vices que en luy, a regarder le tout. Si ay je eu autant de congnoissance de grans princes, et autant de communication avec eulz, que nul homme qui ait esté en France de mon temps, tant de ceulx qui ont regné en ce royaulme, que en Bretaigne et en ces[1] parties de Flandres, Allemaigne, Angleterre, Espaigne, Portingal et Italie, tant seigneurs spirituelz que temporelz, que de plusieurs aultres dont je n'ay eu la veue, mais congnoissance par communication de leurs ambassades, par lettres et par leurs instructions, par quoy on peult assez avoir d'information de leurs natures et conditions. Toutesfois ne pretens en riens, en le louant en cest endroict, diminuer honneur ne bonne renommee des aultres; mais vous envoye ce dont promptement m'est souvenu, esperant que vous le demandez pour le mettre en quelque œuvre que vous avez intention de faire en langue latine[2], dont vous estes bien usité: par laquelle œuvre se pourra congnoistre la grandeur du prince dont vous parleray, et aussi de vostre entendement. Et la ou je fauldroye, trouverez monseigneur du Bouchage[3] et aultres, qui mieulx vous en sçauroient parler que moy, et le coucher

[1] Le démonstratif a ici un sens affaibli, qui est à peu près le même que celui de l'article.

[2] On sourit involontairement en pensant au peu d'importance que Commynes donnait à ses *Mémoires*, relativement à une œuvre qui serait probablement depuis longtemps oubliée, si elle avait vu le jour.

[3] Imbert de Bastarnay, comte du Bouchage, conseiller et chambellan de Louis XI, mort en 1523.

en meilleur langaige. Mais pour obligation d'honneur et grans privaultez et biens faictz, sans jamais enterrompre[1] jusques a la mort, que l'ung ou l'aultre n'y fust, nul n'en debvroit avoir meilleure souvenance que moy : et aussi pour les pertes et douleurs que j'ay receues depuis son trespas, qui est bien pour estre revenu a ma memoire les graces que j'ay receues de luy : combien que c'est chose assez acoustumee que après le decez de si grans et si puissans princes les mutations sont grandes, et y ont les ungs perte et les aultres gaingz : car les biens ne les honneurs ne se despartent point a l'appetit de ceulz qui les demandent...

II. — Digression sur quelques vices et vertus du roy Loys unziesme.

Je me suis mis en ce propos, par ce que j'ay veu beaucoup de tromperies en ce monde, et de beaucoup de serviteurs envers leurs maistres, et plus souvent tromper les princes et seigneurs orgueilleux, qui peu veulent ouyr parler les gens, que les humbles qui voulentiers les escoutent. Et entre tous ceulx que j'ay jamais congneuz, le plus saige pour soy[2] tirer d'ung mauvais pas, en temps d'adversité, c'estoit le roy Loys XI, nostre maistre, et le plus humble en parolles et en habitz ; qui plus travailloit a gaigner ung homme qui le povoit servir ou qui luy povoit nuyre. Et ne se ennuyoit point a estre refusé une fois d'ung homme qu'il praticquoit a gaigner ; mais y continuoit, en luy promettant largement, et donnant par effect argent et estat qu'il congnoissoit qui luy plaisoit[3]. Et ceulx qu'il avoit chassez et

---

[1] Forme populaire qui correspond à la forme savante « interrompre ».
[2] Forme absolue employée devant le verbe à la place de la forme conjointe.
[3] Proposition relative subordonnée à une proposition déjà subordonnée : cette construction, usitée encore au XVIIe siècle, est maintenant tombée en désuétude.

deboutez en temps de paix et de prosperité, il les rachaptoit bien chier quant il en avoit besoing, et s'en servoit; et ne les avoit en nulle hayne pour les choses passees. Il estoit naturellement amy des genz de moyen estat, et ennemy de tous grans qui se povoient passer de luy. Nul homme ne presta jamais tant l'oreille aux gens, ny ne s'enquist de tant de choses comme [1] il faisoit, ny ne voulut jamais congnoistre tant de gens : car aussi veritablement il congnoissoit toutes gens d'auctorité et de valleur, qui estoient en Angleterre, Espaigne et Portingal, Italie et es seigneuries du duc de Bourgogne, et en Bretaigne, comme il faisoit ses subgectz. Et ces termes et façons qu'il tenoit, dont j'ay parlé cy dessus, lui ont saulvé la couronne, veu les ennemis qu'il s'estoit luy mesme acquis a son advenement au royaulme. Mais sur tout luy a servy sa grant largesse : car ainsi comme saigement conduisoit l'adversité, a l'opposite, des ce [2] qu'il cuidoit estre asseuré, ou seullement en une trefve, se mettoit a mescontenter les gens, par petitz moyens qui peu luy servoient, et a grant peine povoit endurer paix. Il estoit legier a parler de gens, et aussi tost [3] en leur presence que en leur absence, sauf de ceulx qu'il craignoit, qui estoient beaucoup : car il estoit assez craintif de sa propre nature. Et quant pour parler il avoit receu quelque dommaige, ou en avoit suspection [4], et le vouloit reparer, il usoit de ceste parolle au personnaige propre [5] : « Je scay bien que ma langue m'a porté grant dommage, aussi m'a elle faict quelquefois du plaisir [6]

---

[1] Le « que » de comparaison est remplacé par « comme », ici et à la fin de la même phrase.

[2] Nous n'employons plus le pronom « ce » dans cette locution.

[3] « Tost » ne s'emploie plus maintenant dans ce sens : on dirait « aussi bien ».

[4] « Suspicion. »

[5] « Au personnage dont il avait parlé. »

[6] On met « du plaisir », parce que le substantif n'est pas gouverné par « beaucoup »; cet adverbe est un complément circonstanciel, et non un régime direct.

beaucoup : toutesfois c'est raison que je repare l'amende. »
Et ne usoit point de ses privees parolles, qu'il ne feist
quelque bien au personnage a qui il parloit, et n'en
faisoit nulz petitz [1].

Encores faict Dieu grant grace a ung prince, quant
il sçait bien et mal, et par especial quant le bien le precede [2], comme au roy nostre maistre dessus dict. Mais
a mon advis [3] que le travail qu'il eut en sa jeunesse,
quant il fut fugitif de son pere et fuyt soubz le duc Philippe de Bourgongne, ou il fut six ans, luy vallut [4] beaucoup : car il fut contrainct de complaire a ceulx dont il
avoit besoing ; et ce bien luy apprint Adversité (qui
n'est pas petit) [5]. Comme il se trouva grant et roy couronné, d'entree [6] ne pensa que aux vengeances ; mais
tost luy en vint le dommaige, et quant et quant [7] la
repentance. Et repara ceste follye et ceste erreur, en
regaignant ceulx ausquelz il tenoit tort [8], comme vous
entendrez cy après. Et s'il n'eust eu la nourriture aultre
que les seigneurs que j'ay veu nourrir en ce royaulme,
je ne croy pas que jamais se fust ressours [9] : car ils [10] ne
les nourrissent seullement que a faire les folz en habillement et en parolles. De nulles lettres ils n'ont con-

---

[1] Il y a ici une syllepse de nombre : après avoir mis « bien » au singulier, il le sous-entend avec des épithètes au pluriel.

[2] « Quand le bien l'emporte sur le mal. » Commynes devient ici obscur à force de négligence.

[3] Il y a ici une anacoluthe, s'il faut voir dans « a mon advis » une locution adverbiale, et la présence de « que » est inexpliquée. Peut-être pourrait-on entendre les choses d'une autre manière : « Mon advis a, c'est-à-dire, porte ceci, que le travail... » — « Travail » signifie ici « peine, difficultés ».

[4] Ce verbe signifie en cet endroit « être profitable ».

[5] *Qui* détermine ici le substantif *bien*. Cette construction est maintenant inusitée, et l'on mettrait le relatif immédiatement après l'antécédent.

[6] « D'abord. »

[7] « Et en même temps la repentance. »

[8] « Envers lesquels il avait des torts. »

[9] Participe passé formé de « ressourdre », lequel est venu lui-même du latin *resŭrgĕre* : le sens est ici « il ne se fût jamais relevé », c'est-à-dire « tiré d'affaire ».

[10] Cf. plus haut, Villehardouin, p. 36, n. 1.

gnoissance. Ung seul saige homme on ne leur met a l'entour. Ilz ont des gouverneurs a qui on parle de leurs affaires, a eulx riens[1] : et ceulx la disposent de leurs dicts affaires[2]; et telz seigneurs y a qui n'ont que treize livres de rente en argent, qui se glorifient de dire : « Parlez a mes gens, » cuydans par ceste parolle contrefaire les tres grans. Aussi ay je bien veu souvent leurs serviteurs faire leur prouffit d'eulx[3], en leur donnant bien a congnoistre qu'ilz estoient bestes. Et si d'aventure quelcun s'en revient[4], et veult congnoistre ce qui luy appartient[5], c'est si tard qu'il ne sert plus de gueres : car il fault noter que tous les hommes qui jamais ont esté grans et faict grans choses, ont commencé fort jeunes. Et cela gist a la nourriture, ou de grace de Dieu[6]. (Liv. I, ch. x).

III. — Digression sur quelques bonnes mœurs du duc de Bourgogne et sur le temps que sa maison dura en prosperité.

... Dieu lui vueille pardonner ses pechez. Je l'ay veu grant et honnorable prince, et autant estimé et requis[7] de ses voisins, ung temps a esté, que nul prince qui fust en la crestienté, ou par adventure[8] plus. Je n'ay veu nulle occasion pour quoy plus tost il deubst avoir encouru l'ire de Dieu, que de ce que[9] toutes les graces et honneurs qu'il avoit receuz en ce monde, il les esti-

---

[1] Le texte de Commynes présente le mot « riens » avec une *s*, quelles que soient les fonctions de ce mot dans la proposition.
[2] Ce mot est encore du masculin à cette époque : c'est probablement sa terminaison féminine qui plus tard l'a fait changer de genre.
[3] « Profiter de leurs dépouilles. »
[4] « Change de conduite. »
[5] « Ce qu'il lui convient de connaître. »
[6] Il faut sous-entendre le verbe « venir » dans ce membre de phrase.
[7] « Recherché. »
[8] « Peut-être ».
[9] Ce tour est très correct en soi ; mais on dirait aujourd'hui « parce que ».

moit toutes proceder de son sens et de sa vertu, sans les attribuer a Dieu, comme il debvoit ; car a la verité il avoit de bonnes et vertueuses parties en luy. Nul prince ne le passa jamais [1] de desirer nourrir grans gens et les tenir bien reiglez. Ses biens faictz n'estoient point forts grans, pour ce qu'il vouloit que chascun s'en ressentist. Jamais nul plus liberallement ne donna audience a ses serviteurs et subjectz. Pour le temps que je l'ai congneu, il n'estoit point cruel ; mais le devint avant sa mort, qui [2] estoit mauvais signe de longue duree. Il estoit fort pompeux en habillemens et en toutes aultres choses, et ung peu trop. Il portoit fort grant honneur aux ambassadeurs et gens estranges [3] ; ilz estoient fort bien festoyez et recueillis chez luy. Il desiroit grant gloire, qui estoit ce qui plus le mettoit en ses guerres que nulle aultre chose, et eust bien voulu ressembler a ces anciens princes dont il a esté tant parlé après leur mort : hardy autant que homme qui ait regné de son temps.

Or sont finees toutes ces pensees, et le tout tourné a son prejudice et honte, car ceulx qui gaignent ont tousjours l'honneur... Je seroye assez de l'oppinion de quelque autre que j'ay veu, que Dieu donne le prince selon qu'il veut pugnir et chastier les subjects, et aux princes les subjects, ou leurs couraiges disposez envers luy, selon qu'il les veult eslever ou abaisser. Et ainsi sur ceste maison de Bourgongne a faict tout esgal [4] ; car, après la longue felicité et grans richesses, et trois grans princes bons et saiges, precedans cestuy cy, qui avoient duré six vingtz ans et plus en bon sens et vertu, il leur donna ce duc Charles, qui continuellement les tint en

---

[1] L'infinitif ne s'emploierait plus ainsi avec « de » ; on construirait le gérondif avec « en ».

[2] *Qui* détermine ici toute la proposition précédente. Cette construction est maintenant inusitée, et l'on ferait précéder *qui* du démonstratif *ce*.

[3] « Étrangers », d'après le sens étymologique.

[4] C'est-à-dire « il a fait les maux égaux aux biens ».

grant guerre, travail et despence, et presque autant en temps d'yver que d'esté. Beaucoup de gens, riches et aysez, furent morts [1] et destruictz par prisons en ces guerres. Les grans pertes commencerent devant Nuz [2], qui continuerent par trois ou quatre batailles jusques a l'heure de sa mort : et tellement que a ceste heure estoit consommee toute la force de son pays, et mors, ou destruicts, ou prins tous gens qui eussent sceu ou voulu deffendre l'estat et l'honneur de sa maison. Et ainsi, comme j'ay dict, semble que ceste perte ait esté esgale au temps que ilz ont esté en felicité ; car, comme je dis l'avoir veu grant, riche et honnoré, encores puis je dire avoir veu tout cela en ses subjectz, car je cuyde [3] avoir veu et congneu la meilleure part d'Europe. Toutes fois je n'ay congneu nulle seigneurie ne pays, tant pour tant [4], ny de beaucoup plus grant estendue encores, qui fust si habondant en richesses, en meubles et en edifices, et aussy en toutes prodigalitez, despences, festoyemens, chieres [5], comme je les ay veuz pour le temps que j'y estoye. Et s'il semble a quelcun qui n'y ayt point esté [6] pour le temps que je dis, que j'en die trop, d'aultres, qui y estoient comme moy, par adventure diront que j'en dis peu.

Or a Nostre Seigneur tout a coup fait cheoir si grant et somptueux edifice, ceste puissante maison, qui a tant soustenu de gens de bien et nourry, et tant esté honnoree et près et loing, et par tant de victoires et gloires, que nul aultre à l'environ n'en receut autant de son

---

[1] On mettrait maintenant le passé défini au lieu du passé antérieur. C'est un reste de l'ancien usage, qui ne distinguait pas bien les différents temps du passé.

[2] Neuss, aujourd'hui dans la province de Düsseldorf (Prusse).

[3] « Je pense » : du verbe latin *cŏgito*.

[4] « A proportion égale », c'est-à-dire « d'égale étendue ».

[5] Signifie ici « fêtes ou festins ».

[6] Le subjonctif est employé ici parce qu'il y a une idée de doute ; nous mettrions maintenant l'indicatif.

temps... De tous costez ay veu ceste maison honnoree, et puis, tout a un coup, cheoir sens dessus dessoubz, et la plus desolee et deffaicte maison, tant en princes que en subjectz, que nul voisin qu'ilz eussent. Et telles et semblables œuvres a faict Nostre Seigneur, mesmes [1] avant que fussions nez, et fera encores après que nous serons mors; car il se faut tenir seur que la grant prosperité des princes, ou leur grant adversité, procede de sa divine ordonnance. (Liv. V, chap. IX).

IV. — Comment le Roy feit venir a Tours ung nommé le sainct homme, de Calabre, pensant qu'il le deubst guerir [2]; et des choses estranges que faisoit ledict Roy pour garder son auctorité durant sa malladie.

Entre les hommes renommez de devotion, il envoya querir ung homme en Calabre, appellé frere Robert (le Roy l'appelloit le sainct homme, pour sa saincte vie), en l'honneur duquel le Roy de present [3] feit faire ung monastere au Plessis du Parc, en recompense [4] de la chapelle près du Plessis, au bout du pont. Ledict hermite, en l'aage de douze ans, s'estoit mis soubz ung roc, ou il estoit demouré jusques en l'aage de quarante et trois ans, ou environ, et jusques a l'heure que le roy l'envoya querir par un sien maistre d'hostel, en la compaignie du prince de Tarente [5], filz du roy de Naples;

---

[1] « Mesmes » a pris l's adverbiale : cf. « encores » dans la même phrase, et, plus loin, « jusques ».

[2] Construction imitée du latin : on met le subjonctif au lieu de l'indicatif, parce qu'on rapporte les pensées de quelqu'un sans dire si elles sont conformes à la vérité.

[3] « De présent », c'est-à-dire « actuel ».

[4] « En remplacement de ». La chapelle dont il est ici question était celle de Saint-Matthieu, dans la basse-cour de l'hôtel du roi au Plessis. Louis XI fit construire pour saint François de Paule et les Minimes une église derrière le parc du château des Montils, sous le vocable de *Jesus Maria*.

[5] Il s'agit de Frédéric d'Aragon, fils de Ferdinand Iᵉʳ (1458-1494). Le prince de Tarente fut plus tard roi de Naples en 1496, et mourut en 1504.

car il ne vouloit partir sans congié[1] du pape, ne de son roy, qui estoit sens[2] a ceste simple personne, lequel avoit faict deux eglises au lieu ou il demouroit, jamais n'avoit mangé, ny ne a encores (depuis qu'il se mit en ceste estroicte vie), ne chair, ne poisson, ne œufz, ne laictaige, ne aucune gresse, et ne pense[3] point avoir veu homme vivant de si saincte vie, ne ou il semblast mieulx que le Sainct Esperit parlast par sa bouche; car il estoit lettré, et n'apprint jamais riens. Vray est que sa langue italienne luy aydoit.

Ledict hermite passa par Naples, honnoré et visité autant que ung grant legat apostolicque, tant du roy que de ses enfans, et parloit avec eulx comme un homme nourry en court. De la passa par Rome, visité de tous les cardinaulx, eut audience avec le pape, par trois fois, seul a seul, assis auprès de luy en belle chaire, l'espace de trois ou quatre heures a chascune fois (qui estoit grant honneur a ung si petit homme), respondant si saigement que chascun s'en ebahyssoit, et lui acorda nostre Saint Pere faire ung ordre, appellé les hermites Saint François. De la vint devers le Roy, honnoré comme s'il eust esté le Pape, se mettant a genoulx devant luy[4], affin qu'il luy pleust allonger sa vie. Il respondit ce que ce saige homme debvoit respondre. Je l'ay maintesfois ouy parler devant le Roy qui est de present, ou estoient tous les grans du royaulme, et encores

---

[1] « Congié », du latin *commeatum*, signifiait proprement « les moyens nécessaires pour faire un voyage ». Signifie ici « la permission ou l'ordre de faire un voyage ».

[2] Proposition relative qui détermine toute une proposition, construction que nous avons déjà signalée, et qui est fréquente dans Commynes. — Le mot abstrait « sens » prend ici une signification concrète, et veut dire « acte de bon sens».

[3] Le verbe est ici à la première personne.

[4] « Se mettant » est un gérondif qui se rapporte, non pas au sujet du verbe, mais au complément « le Roy », par une construction hardie assez fréquente dans Commynes.

puis¹ deux mois; mais il sembloit qu'il fust inspiré de Dieu des choses qu'il disoit et remonstroit; car aultrement n'eust sceu parler des choses dont il parloit. Il est encores vif², par quoy se pourroit bien changer ou en mieulx, ou en pis : pour quoy m'en tay. Plusieurs se mocquoient de la venue de cest hermite, qu'ilz appelloient saint homme; mais ilz n'estoient point informez des pensees de ce saige Roy, ny n'avoient veu les choses qui luy donnoient occasion.

Nostre roy estoit au Plessis, avec peu de gens, sauf archiers³, et en ses suspections dont j'ay parlé; mais il y avoit pourveu, car il ne laissoit nul homme, ne a la ville, ne aux champs, dont il eust suspection, mais par archiers les en faisoit aller et conduire. De nulles matieres on ne luy parloit, que des grandes⁴ qui luy touchoient. Il sembloit, a le veoir, mieulx⁵ homme mort que vif, tant estoit mesgre, ne jamais homme ne l'eust creu. Il se vestoit richement, ce que jamais n'avoit acoutumé par avant⁶, et ne portoit que robbes de satin cramoisy, fourrees de bonnes martres, et en donnoit assez qu'il envoyoit sans demander⁷; car nul ne luy eust osé demanner, ne parler de riens. Il faisoit d'aspres pugnitions,

---

¹ « Puis » est ici adverbe, et signifie « ensuite ». « Deux mois » est un complément circonstanciel qui est gouverné directement par le verbe.

² « Vivant. »

³ Forme ancienne du mot « archer ». Les archers, c'est-à-dire les soldats qui tiraient de l'arc, avaient pris une grande importance à partir du xiv⁰ siècle, et l'on vit des grands seigneurs descendre de cheval pour combattre dans leurs rangs. Dans un chapitre précédent, Commynes nous dit qu'au château du Plessis, il y avait quatre cents archers, « qui en bon nombre faisoient chascun jour le guet et se pourmenoient par la place, et gardoient la porte ».

⁴ Construction aujourd'hui inusitée. — « Luy touchoient, » c'est-à-dire « le concernaient ».

⁵ « Plutôt. »

⁶ Cette locution, composée de trois mots latins, *per ab ante*, est maintenant abandonnée pour une autre forme encore plus compliquée « *auparavant* ».

⁷ « Sans qu'on les lui demandât. » Construction obscure et peu correcte, fréquente dans Commynes.

pour estre crainct et de paour de perdre l'obeyssance; car ainsi me le dict il. Il remuoit[1] offices et cassoit gens d'armes, rongnoit pensions ou ostoit de tous poinctz[2], et me dict, peu de jours avant sa mort, qu'il passoit temps a faire et a deffaire gens; et faisoit plus parler de luy parmy le royaulme qu'il ne feit jamais, et le faisoit de paour qu'on ne le tinst pour mort; car, comme j'ay dict, peu de gens le veoient; que, quant on oyoit parler des œuvres qu'il faisoit, chascun avoit doubte, et ne povoit l'on[3] a peine croire qu'il fust mallade.

Hors du royaulme envoyoit gens de tous costez. En Angleterre, pour entretenir ce mariaige[4] : et les payoit bien de ce qu'il leur donnoit, tant le roy Edouard que les particuliers. En Espaigne, toutes parolles d'amytié et d'entretenement, et presens partout, de tous costez. Il faisoit achapter ung bon cheval, quoy qu'il coustast, ou une belle mulle, mais es pays ou il vouloit qu'on le cuydast sain; car ce n'estoit point en ce royaulme. Des chiens, en envoyoit querir partout : en Espaigne, des allans[5]; de petites levrettes en Bretaigne, levriers, espaigneulx[6], et les achaptoit chier; en Vallence, de petiz chiens veluz, qu'il faisoit achapter plus chier que les gens ne les vouloient vendre; en Cecille[7], envoyoit que-

---

[1] C'est-à-dire « en changeait les titulaires ».

[2] « Il rognait les pensions ou les enlevait complètement. »

[3] Construction que nous avons vue bien souvent dans Joinville, et qui est devenue rare dans Commynes. — De plus, il semble qu'ici la locution « à peine » devrait éliminer la négation.

[4] « Le mariage dont il a été parlé auparavant » : il s'agit d'une union projetée entre le Dauphin, plus tard Charles VIII, et Élisabeth d'Angleterre, fille d'Édouard IV. Née en 1467, elle avait trois ans de plus que le Dauphin, et Louis XI n'avait nullement l'intention de la faire épouser à son fils. Le Dauphin la laissa pour se fiancer à Marguerite d'Autriche, et Commynes dit qu'Édouard IV en mourut de chagrin. Élisabeth épousa plus tard (1486) Henri VII, roi d'Angleterre, et mourut en 1503.

[5] D'après Mlle Dupont, c'étaient « des chiens très grands, forts et courageux ».

[6] Les épagneuls, d'après l'étymologie de leur nom, venaient primitivement d'Espagne.

[7] « Sicile. »

rir quelque mulle, especiallement a quelque officier du pays, et la payoit au double [1]; à Naples, des chevaulx; et bestes estranges de tous costez, comme, en Barbarie, une espece de petiz lyons, qui ne sont point plus grans que de petiz regnards, et les appelloient aditz [2]. Au pays de Dannemarche et de Suerie [3], envoya querir de deux sortes de bestes : l'une s'appelloit helles [4], et sont de corsaige de cerfz, grans comme buffles, les cornes courtes et grosses; les aultres s'appelloient rangiers [5], qui sont de corsaige et de couleur de dain, sauf qu'elles ont les cornes beaucoup plus grandes; car j'ay veu rangier porter cinquante quatre cors. Pour avoir six de chascune de ces bestes, donna aux marchans quatre mil cinq cens florins d'Allemaigne. Quant toutes ces choses luy estoient amenees, il n'en tenoit compte, et la pluspart des fois ne parloit point a ceulx qui les amenoient. Et, en effect, il faisoit tant de semblables choses et telles, qu'il estoit plus crainct de ses voisins et de ses subjectz qu'il n'avoit jamais esté; car aussi c'estoit sa fin [6], et le faisoit pour ceste cause. (Livre VI, ch. VII).

V. — Digression ou discours aucunement hors de la matiere principale, par lequel Philippe de Commynes, autheur de ce present livre, parle assez amplement de l'estat et gouvernement de la seigneurie des Venissiens...

... Ce jour que j'entray a Venise, vindrent au devant de moy jusques a la Chafousine [7], qui est a cinq mils de Venise; et la on laisse le basteau en quoy on est venu

---

[1] « Deux fois sa valeur. »
[2] D'après Belon, cité par Mlle Dupont, l'adit est « une bête entre loup et chien ».
[3] « Suède. »
[4] « Élans. »
[5] « Rennes. »
[6] « Son but. »
[7] Fusina, village sur la Brenta, et proche de Venise.

de Padoue[1], au long d'une riviere, et se met on en petites barques, bien nettes et couvertes de tapisseries, et beaux tapis veluz dedans, pour se seoir dessus ; et jusques la vient la mer, et n'y a point de plus prouchaine terre pour arriver a Venise ; mais la mer y est fort plate, s'il ne fait tormente, et a ceste cause[2] qu'elle est ainsi plate, se prent grant nombre de poisson et de toutes sortes. Et fus bien esmerveillé de veoir l'assiete de ceste cité, et de veoir tant de clochiers et de monasteres, et si grant maisonnement[3], et tout en l'eaue, et le peuple n'avoir aultre forme d'aller que en ces barques, dont je croy qu'il s'y en fineroit[4] trente mil ; mais elles sont fort petites. Environ[5] ladicte cité y a bien septante monasteres, a moins de demye lieue françoise, a le prendre en rondeur (qui tous sont en isle, tant d'hommes que de femmes, fort beaux et riches, tant d'ediffices que de parements, et ont fort beaux jardins), sans comprendre ceulx qui sont dedans la ville ; ou sont les quatre Ordres des mendians[6], bien soixante et douze parroisses, et maincte confrairie : et est chose bien estrange de veoir si belles et si grans eglises fondees en la mer.

Au dict lieu de la Chafousine vindrent au devant de moy vingt et cinq gentilz hommes bien et richement habillez, et de beaux draps de soye et escarlate, et la me dirent que je fusse le bien venu, et me conduirent jusques près de la ville, en une eglise de Sainct André, ou de rechief trouvay autant d'aultres gentilz hommes, et avec eulz les ambassadeurs du duc de Millan et de

---

[1] Padoue, conquise par les Vénitiens depuis 1405 ; aujourd'hui ville de la province de Vénétie.

[2] « Parce que. »

[3] « Amas de maisons. »

[4] « Finer » signifie ici « trouver à la fin d'un compte », c'est-à-dire « trouver en tout ».

[5] « Autour de » : ce mot vient de « en » et du substantif « viron », dérivé du verbe « virer ».

[6] Les Dominicains, les Franciscains, les Augustins et les Carmes.

Ferrare[1]; et la aussi me feirent une aultre harangue, et puis me misrent en d'aultres basteaulx, qu'ils appellent plaz, et sont beaucoup plus grans que les aultres : et en y avoit deux couvers de satin cramoisy, et le bas tapissé, et lieu pour se seoir quarante personnes : et chascun me feit seoir au meillieu de ces deux ambassadeurs (qui est l'honneur d'Italie que d'estre au meillieu), et me menerent au long de la grant rue, qu'ilz appellent le Canal grant, et est bien large. Les gallees y passent a travers, et y ay veu navire de quatre cens tonneaux ou plus, près des maisons : et est la plus belle rue que je croy qui soit en tout le monde, et la mieulx maisonnee[2], et va le long de la ville. Les maisons sont fort grandes et haultes, et de bonne pierre, et les anciennes toutes painctes; les aultres faictes depuis cent ans : toutes ont le devant de marbre blanc, qui leur vient d'Istrie, a cent mils de la, et encores maincte grant piece de porphire et de sarpantine[3] sur le devant. Au dedans ont pour le moins, pour la pluspart, deux chambres qui ont les planchez dorez, riches manteaulx de cheminees de marbre taillez, les chalitz des lictz dorez, et les osteventz[4] painctz et dorez, et fort bien meublees dedans. C'est la plus triumphante[5] cité que j'aye jamais veue et qui plus faict d'honneur a ambassadeurs et estrangiers, et qui plus saigement se gouverne, et ou le service de Dieu est le plus solemnnellement faict : et encores qu'il y peust bien avoir d'aultres

---

[1] Comme les duchés de Milan et Ferrare avaient chacun leur souverain particulier, il aurait fallu répéter le mot « duc ». Nous avons vu qui était alors duc de Milan. Le duc de Ferrare était Hercule d'Este, né en 1433, arrivé au pouvoir en 1471, mort en 1505.
[2] « La mieux bâtie. »
[3] « Serpentin, » marbre de couleur verte, avec des taches rouges et blanches.
[4] « Paravents. »
[5] « Glorieuse. »

faultes, si croy je que Dieu les a en ayde pour la reverence qu'ilz portent au service de l'Eglise.

En ceste compaignie de cinquante gentilz hommes me conduirent jusques a Sainct Georges, qui est une abbaye de moynes noirs [1] reformez, ou je fus logié. Le lendemain me vindrent querir et mener a la Seigneurie, où presentay mes lettres au duc [2], qui preside en tous leurs conseilz, honnoré comme ung roy; et s'adressent a luy toutes lettres; mais il ne peult gueres de luy seul. Toutes fois cestuy cy a de l'auctorité beaucoup, et plus que n'eut jamais prince qu'ilz eussent : aussi il y a desja douze ans qu'il est duc; et l'ay trouvé homme de bien, saige, et bien experimenté aux choses d'Italie, et doulce et amyable personne. Pour ce jour ne dis aultre chose; et me feit on veoir trois ou quatre chambres, les planchez richement dorez, et les lictz et ostevens : et est beau et riche le palais de ce qu'il contient, tout de marbre bien taillé, et tout le devant et le bort des pierres dorees en la largeur d'ung poulce, par adventure [3] : et y a au dict palais quatre belles salles, richement dorees, et fort grant logis; mais la court est petite. De la chambre du duc il peult ouyr la messe au grant autel de la chapelle Sainct Marc, qui est la plus belle et riche chapelle du monde, pour n'avoir que nom de chapelle, toute faite de musaicq [4] en tous endroictz. Encores se vantent ilz d'en avoir trouvé l'art, et en font besongner au mestier; et l'ay veu.   (Liv. VII, ch. XVIII).

[1] « Les Bénédictins. » Cf. 81, n. 2.
[2] « Le doge. »
[3] « A peu près. » Cf. p. 162, n. 8.
[4] « Mosaïque. »

LEXIQUE

Le premier chiffre indique la page, et le second marque la note où il est question des mots cités dans le lexique.

Nous n'avons admis dans ce lexique que des formes anciennes. Les formes encore usitées qui s'y trouvent y ont été citées parce qu'elles présentaient une acception aujourd'hui oubliée, ou qu'elles entraient dans des constructions tombées maintenant en désuétude.

A, 24, 2 ; 42, 3.
Abandoneement, 85, 1.
Adens, 85, 6.
Adès, 43, 2.
Adit, 169, 2.
Adrecer, 76, 3.
Adventure, 162, 8 ; 172, 3.
Agait, 77, 5.
Allans, 168, 5.
Amenri, 126, 3.
Ancisserie, 125, 1.
Ansdeus, 36, 4.
Apareillié, 75, 4.
Apartenir, 117, 4.
Apertise, 118, 3.
Apostoile, 18, 2.
Apriès, 121, 3.
Aré, 82, 2.
Assacis, 65, 1.
Assouvi, 75, 9.
Autel, 86, 4.
Autresi, 36, 2.
Aval, 86, 1.

Baer, 21, 7.
Barge, 34, 2.
Bauz, 42, 2.
Bestorner, 28, 6.
Blaques, 41, 1.
Bougres, 41, 1.

Cecille, 168, 7.
Certes (a), 75, 6 ; 127, 6.
Chastel, 28, 2.
Chastoy, 157, 3.
Chatel, 82, 4.
Chatif, 43, 1.
Chevestre, 128, 1.
Chevir, 131, 5.
Chief, 82, 5.
Chiere, 130, 3 ; 164, 5.
Cler, 123, 2.
Comment (que), 127, 7.
Congié, 166, 1.
Contre, 25, 5.
Contremont, 26, 3.
Convenir, 75, 8 ; 83, 7.

Convine, 27, 4.
Cors, 20, 1 ; 76, 5.
Courage, 126, 2.
Creanter, 23, 3.
Cuydier, 164, 3.

Dalés, 125, 4.
Darrains, 122, 3.
Descendre (se), 118, 4.
Deschaus, 81, 3.
Deviser, 25, 2.
Ditier, 34, 1.
Divinité, 78, 4.
Double (au), 169, 1.
Droit, 126, 1.

Elles, 169, 4.
Enfermeté, 83, 5.
Engien, 23, 3.
Ens, 82, 1.
Ensonnier (s'), 116, 1.
Entendant (faire), 120, 1.
Entre, 44, 3.
Entree (d'), 161, 6.
Entrerompre, 159, 1.
Environ, 170, 5.
Envis, 127, 5.
Erranment, 34, 4.
Es, evoús, 82, 3 ; 125, 3.
Escondire, 127, 6.
Escorgies, 128, 5.
Escrever, 24, 3.
Esleecier (s'), 130, 5.
Eslouchié, 86, 3.
Esmiié, 85, 3.
Especial, 119, 6.
Esploitier, 33, 1.
Espoir, 118, 2.
Esprises, 33, 3.
Estoire, 21, 5.
Estoré, 27, 1.
Estrange, 163, 3.
Exempliier (s'), 119, 5.

Finer, 25, 1 ; 125, 2 ; 170, 4.
Fi (de), 28, 3.
Flaiaus, 129, 7.
Forfaire, 33, 2.
Forment, 87, 4.
Friche, 119, 4.

Gaaignier, 44, 1.
Galie, 22, 5.
Garde (avoir), 129, 5.
Guerpir, 24, 7.
Guerredon, 35, 2.

Haghenee, 124, 3.
Haitié, 47, 2.
Herbergié, 30, 2.
Huese, 83, 6.
Historiié, 117, 1.

Jeu parti, 87, 1.

Labouré, 28, 1.
Langes, 81, 3.
Leteril, 24, 5.
Lié, 47, 2.
Livre tournois, 84, 2.
Lober, 131, 2.
Lonc (de), 83, 2.

Mairrien, 33, 3.
Maison Dieu, 88, 3.
Maisonnement, 170, 3.
Marche, 79, 4.
Membre, 118, 4.
Mès... que, 123, 3.
Mestis, 120, 3.
Mieulx, 167, 5.
Moie, 29, 3.
Moustier, 23, 4.
Musaicq, 172, 4.

Navie, 21, 5.
Ne... mais que, 78, 3.

LEXIQUE

Nes, 23, 5.
Noble, 128, 3.
Nourriture, 157, 3.

Ordenance, 119, 1.
Ostevent, 171, 4.
Ou, 76, 6.
Ost, 30, 3.

Paiié, 80, 2.
Pais, 129, 1.
Palazin, 75, 2.
Peneant, 128, 4.
Piece, 46, 2.
Piteus, 88, 2.
Plains, 124, 4.
Plenté, 27, 5.
Plommce, 85, 5.
Pluseurs, 29, 2.
Pouesteïf, 24, 1.
Poulain, 70, 1.
Pourchacier, 30, 4; 36, 3.
Preceder, 161, 2.
Premier, 76, 2.
Present (de), 165, 3.
Proïsme, 117, 5.
Prouvoire, 80, 4.
Puis (que), 127, 2.
Pur, 85, 6.

Quant, 161, 7.
Quantité, 117, 6.
Quart, 21, 1.
Que, 44, 4.
Queue, 85, 2.
Qui, 119, 3.
Quois, 125, 6.

Rangier, 169, 5.
Recompense (en), 165, 4.
Regeïr, 79, 2.
Regne, 76, 1.

Remanoir, 24, 4.
Remuer, 168, 1.
Reprouver, 32, 2.
Requis, 162, 7.
Resachier, 29, 4.
Ressours, 161, 9.
Ribaut, 83, 3.
Roi d'armes, 116, 2.
Romenie, 47, 1.
Rouvét, 127, 3.

Sarpantine, 171, 3
Se... non, 28, 5.
Sieute, 131, 3.
Sievant (en), 117, 7.
Simple, 130, 3.
Sortir, 129, 6.
Souffrir (se), 127, 1.
Soutis, 77, 4.
Staple, 121, 2.
Suerie, 169, 3.
Sus (mettre), 119, 2.
Suspection, 160, 4.

Tant, 164, 4.
Tavelé, 83, 6.
Tiers, 23, 2.
Tison, 86, 2.
Tout (a), 42, 1.
Toutdis, 122, 2.
Travail, 161, 3.
Tresci, 21, 1.
Triumphant, 171, 5.
Turquie, 29, 1.

Uissiers, 22, 2.

Vaisselet, 84, 1.
Valoir, 161, 4.
Viande, 22, 3.
Voies (toutes), 169, 12.

TABLE DES MATIÈRES

Préface v

VILLEHARDOUIN. — Notice 1
Extraits.
Début du livre 18
Traité conclu avec les Vénitiens 20
Arrivée des croisés devant Constantinople. 26
Défi des croisés et attaque des Grecs 31
Élection de Baudouin de Flandre. 36
Couronnement de l'empereur Henri, et sa victoire sur Johannis 42
Hommage-lige de Boniface à l'empereur Henri 46

JOINVILLE. — Notice 48
Extraits.
Début du livre 75
Ce que saint Louis pensait de la foi. 77
Joinville part pour la croisade 81
Souffrances des croisés 82
Saint Louis refuse de quitter son vaisseau. 84
Mort de saint Louis 87

FROISSART. — Notice. 89
Extraits.
Prologue 116
La nation anglaise. 119
Mort de Robert Bruce 121
Dévouement des bourgeois de Calais 124
La peste et les flagellants 128
Le Prince Noir sert Jean le Bon après la bataille de Poitiers . 130

TABLE DES MATIÈRES

COMMYNES. — NOTICE 132
EXTRAITS.
Prologue 157
Digression sur quelques vices et vertus du roy Loys unziesme. 159
Digression sur quelques bonnes mœurs du duc de Bourgongne 162
Comment le roy feit venir a Tours ung nommé le sainct homme 165
Digression de l'estat et gouvernement de la seigneurie des Venissiens 169
Lexique 173

23967. — Tours, impr. Mame.

www.ingramcontent.com/pod-product-compliance
Lightning Source LLC
Chambersburg PA
CBHW060520090426
42735CB00011B/2303